Protagonismo negro em São Paulo

SERVIÇO SOCIAL DO COMÉRCIO
Administração Regional no Estado de São Paulo

Presidente do Conselho Regional
Abram Szajman
Diretor Regional
Danilo Santos de Miranda

Conselho Editorial
Áurea Leszczynski Vieira Gonçalves
Rosana Paulo da Cunha
Marta Raquel Colabone
Jackson Andrade de Matos

Edições Sesc São Paulo
Gerente Iã Paulo Ribeiro
Gerente adjunta Isabel M. M. Alexandre
Coordenação editorial Cristianne Lameirinha, Clívia Ramiro,
Francis Manzoni, Jefferson Alves de Lima
Produção editorial Bruno Salerno Rodrigues
Coordenação gráfica Katia Verissimo
Produção gráfica Fabio Pinotti, Ricardo Kawazu
Coordenação de comunicação Bruna Zarnoviec Daniel

Protagonismo negro em São Paulo

HISTÓRIA E HISTORIOGRAFIA

PETRÔNIO DOMINGUES

© Petrônio Domingues, 2019
© Edições Sesc São Paulo, 2019
Todos os direitos reservados

1ª reimpressão, 2023

Preparação André Albert
Revisão Bruno Salerno Rodrigues, Luciana Moreira
Projeto gráfico e capa Luciana Facchini
Diagramação Pedro Alencar

Todos os esforços foram feitos para localizar os detentores dos direitos autorais de poemas e letras de música citados neste livro, a fim de obter a permissão de uso. Caso recebamos informações complementares, elas serão devidamente creditadas na próxima edição.

Dados Internacionais de Catalogação na Publicação (CIP)

D7132p
Domingues, Petrônio
Protagonismo negro em São Paulo: história e historiografia / Petrônio Domingues.
São Paulo: Edições Sesc São Paulo, 2019.
172 p.

    Bibliografia
    978-85-9493-200-6

1. Protagonismo negro. 2. São Paulo (estado, Brasil). 3. História. 4. Historiografia. 5. Relações étnicas. I. Título.

    CDD 322

Ficha elaborada por Maria Delcina Feitosa CRB/8-6187

Edições Sesc São Paulo
Rua Serra da Bocaina, 570 – 11º andar
03174-000 – São Paulo SP Brasil
Tel. 55 11 2607-9400
edicoes@edicoes.sescsp.org.br
sescsp.org.br/edicoes
/edicoessescsp

*Liberdade, emancipação, oportunidade
– conceda-nos, oh, mundo orgulhoso, as
oportunidades de homens vivos!*
W. E. B. DU BOIS

*Foi preciso que mais de um colonizado
dissesse: "Isso não pode mais continuar", foi
preciso que mais de uma tribo se rebelasse,
foi preciso mais de uma rebelião dominada,
mais de uma manifestação reprimida, para
que pudéssemos hoje resistir, com a certeza
da vitória.*
FRANTZ FANON

Em busca de histórias e tesouros ocultados   8
Danilo Santos de Miranda

Introdução   10

I. Negro no pós-abolição: um sujeito anômico?   17
O "meio negro" revisitado   31

II. A agência afro-paulista: os desafios pungentes   49
1 Raça e classe no mundo do trabalho   50
2 "Homens de cor" nas instituições políticas   54
3 Ativistas e intelectuais negros nas associações e nos jornais   59
4 Os clubes e bailes *black*   63
5 As irmandades dos "homens pretos"   67
6 Que "negro" é esse na cultura popular?   69
7 Que "negro" é esse na cultura erudita?   79
8 "Elite de cor" × "pretos da plebe"   85

III. Tendências historiográficas   91
1 Biografia das "pessoas de cor"   91
2 Mulheres negras em cena   106
3 Memória do cativeiro e história oral   111
4 Histórias conectadas e transnacionais   119

Considerações finais   124
Por novos olhares, saberes e narrativas   125

Referências bibliográficas   135
Sobre o autor   169

Em busca de histórias e tesouros ocultados

História e memória são territórios em permanente disputa. Relegar o outro – o diverso – ao silêncio e à invisibilidade é uma forma de mantê-lo subjugado, excluído. As produções simbólicas e intelectuais que poderiam reconectá-lo com valores e laços de identidade são, muitas vezes, soterradas, escondidas. Ao restringir ou interditar o direito à palavra, compromete-se também a possibilidade de inventar, difundir e modificar existências.

Uma parte significativa da história do Brasil e, por extensão, dos povos paulistas foi construída, narrada e protagonizada por pessoas brancas, tributárias do pensamento europeu, reverberando seus interesses e um viés ideológico elitista. A naturalização desse privilégio teve como consequência o estabelecimento de uma visão de mundo unilateral e hierarquizada, deixando à margem dos relatos e acontecimentos oficiais outros sujeitos e grupos, notadamente os descendentes das populações negra e indígena.

O ocultamento e a desqualificação dos registros desses cidadãos não hegemônicos têm sido recorrentes no contexto nacional, acarretando enormes descompassos, particularmente quanto à autoimagem e à autoestima. Para se contrapor à perpetuação desse estado de coisas e, de alguma forma, corroborar políticas de reparação e reafirmação, torna-se urgente ampliar a visibilidade e o acesso às criações e experiências dos indivíduos e grupos dessas populações, resgatando a complexa teia de inter-relações, afeições e resistências que permanece camuflada.

Nessa perspectiva se insere a publicação *Protagonismo negro em São Paulo: história e historiografia*, do professor e historiador Petrônio Domingues, que coloca em foco um amplo panorama de pautas e discussões a respeito dos afro-paulistas no período do pós-abolição (1888). A partir do mapeamento e da análise crítica de estudos e pesquisas, investiga e recupera biografias, bem como variadas dimensões do cotidiano dessas pessoas: vida associativa, inserções políticas, agenciamentos sociais, práticas culturais e religiosas, relações de gênero, conexões afro-diaspóricas, concepções ideológicas e invenções identitárias, além de narrativas no campo da memória, dos direitos e da cidadania.

Para o Sesc, trata-se de evidenciar os valores democráticos que orientam suas ações institucionais: processos educativos, pluralidade e autonomia. Nesse sentido, ao realizar a prospecção das trajetórias amiúde desconhecidas e marginalizadas dos negros e negras em São Paulo, o autor dá novo impulso para apropriações e descobertas, revelando quanto é necessário avançar na publicidade dessa riqueza oculta para que os afro-brasileiros de diferentes origens ocupem seu lugar social de respeito e dignidade.

Danilo Santos de Miranda
Diretor do Sesc São Paulo

Introdução

Antonio Ferreira Cesarino Júnior nasceu em Campinas em 16 de março de 1906. De família pauperizada e afrodescendente, era filho de Antonio Ferreira Cesarino e Júlia Cesarino; morava em uma casa simples, com outros sete filhos do casal. Em 1918, ingressou no Ginásio do Estado, um conceituado colégio da cidade, graças à intermediação do pai, que lá trabalhava como bedel. Era o único aluno "de cor" na sala e não tardou para ficar na mira do professor de italiano. Sua presença ali incomodava algumas pessoas, de tal modo que chegaram a dizer a seu pai que o Ginásio do Estado "era lugar para gente graúda e não para negro, filho do bedel". Para o menino, os problemas originados da discriminação racial estavam apenas começando na vida. Porém, ele não se curvou, e agarrou com unhas e dentes a oportunidade de estudar.

Seu percurso até se formar não foi nada fácil: a família passou necessidades financeiras, chegando a ser despejada por não poder pagar o aluguel depois que seu pai, com varíola, foi hospitalizado; quatro de seus irmãos faleceram por doenças agravadas pela alimentação deficiente. Diante dessa situação dramática, para não dizer desesperadora, Cesarino Júnior passou a ajudar no sustento da família, dando aula de alfabetização e trabalhando como entregador em uma quitanda. Isso não o impossibilitou de terminar o curso no Ginásio do Estado com as melhores notas da classe, obtendo o respeito e a consideração de alguns colegas e professores.

Ainda nesses tempos, fundou e dirigiu, com colegas, *A Juventude*, um jornal da Mocidade Campinense que reuniu forças para ter as próprias oficinas e circular semanalmente. Depois dessa "iniciação" no jornalismo, o jovem Cesarino foi trabalhar, ainda estudante, como repórter do *Diário do Povo*, onde acabou se tornando redator-chefe. Já formado, prestou vestibular e foi aprovado na Faculdade de Direito do Largo de São Francisco, na capital paulista. Não pôde cursá-la como gostaria, pois necessitava trabalhar ora de dia, ora de noite para auxiliar a família, que continuava vivendo em condições de vulnerabilidade. Decidiu voltar a Campinas e passou a lecionar em várias escolas, até ser aprovado em concurso para professor de história universal do Ginásio do Estado, realizando o sonho do pai.

Nessa época, Cesarino casou-se com Flora Maria Massarotto, sua namoradinha de infância. Determinado a continuar ascendendo profissionalmente, transferiu-se para o Ginásio do Estado da capital e retornou à Faculdade de Direito, onde concluiu o curso de doutorado em 1934, ano em que a instituição foi integrada à Universidade de São Paulo (USP). Quatro anos depois, assumiu, por meio de concurso público, a cátedra de direito social da faculdade na qual se formara. Mas as árduas conquistas daquele afro-brasileiro não pararam por aí. Em 1948, após concurso público, foi nomeado professor da Faculdade de Ciências Econômicas e Administrativas, também pertencente à USP, tornando-se, em 1960, professor catedrático de instituições de direito social. Suas duas cátedras foram exercidas simultaneamente.

Não era só nas lides docentes que Cesarino se destacava. Na área do direito social – como ele se referia ao que posteriormente se denominou direito trabalhista –, notabilizou-se em nível mundial: publicou livros, organizou congressos, participou de fóruns nacionais e internacionais, fundou e dirigiu diversas sociedades científicas. Observando a proximidade entre o direito social e aspectos médicos da questão social, decidiu cursar medicina, em 1946. Depois de formado, encontrou na medicina do trabalho um espaço de importantes realizações. Fundou e presidiu a Associação Nacional de Medicina do Trabalho, e participou da criação do Centro Nacional de Higiene e Segurança do Trabalho. Todas essas atividades conduziram-no a uma carreira de projeção internacional também na área, "visitando universidades, dando cursos e muitas vezes sendo recebido fora do Brasil como celebridade" (Barbosa, 1997, p. 206).

Sensível aos problemas sociais, Cesarino fundou – com a colaboração de outros professores – a Universidade do Trabalhador, em 1962, mas foi obrigado a fechá-la em decorrência do golpe civil-militar de 1964. Polivalente, atuou também no mundo da política: criou o Partido Democrata Cristão (PDC), em 1945, e preconizou um projeto político alternativo – uma espécie de terceira via ideológica – entre o marxismo stalinista da então União Soviética e o conservadorismo capitalista responsável pela manutenção de estruturas carcomidas. Depois, migrou para o Partido Trabalhista Brasileiro (PTB), pelo qual se candidatou a deputado federal. Mesmo com todo o prestígio e o reconhecimento auferidos quando se tornou "alguém na vida", esse afro-brasileiro não ficou imune ao problema racial. Foi perseguido por mais de uma vez na Faculdade de Direito da USP, o que o levou a abandoná-la; seguiu lecionando na Faculdade de Economia da instituição até a aposentadoria compulsória, aos 70 anos. Mesmo aposentado, tornou-se professor da Faculdade de Medicina da Pontifícia Universidade Católica de São Paulo (PUC-SP), no *campus* de Sorocaba. Até o instante da aposentadoria, em 1976, sua fortuna crítica abrangia os impressionantes 27 livros e 178 trabalhos publicados em revistas acadêmicas (nas áreas do direito e da medicina do trabalho, principalmente) e em anais de congressos nacionais e internacionais. Cesarino Júnior faleceu aos 86 anos, no dia 10 de março de 1992.

Depois dessas breves notas biográficas, convém partilhar com o leitor a temática central do livro: a proposta aqui é enveredar-se pelas sendas da experiência negra em São Paulo no decurso pós-abolicionista, quando não havia mais escravizados nem senhores, e lugares e hierarquias sociais edificados durante séculos se desmancharam. Particularmente, será investigada a historiografia que cada vez mais se debruça sobre o protagonismo negro, a partir de sujeitos (homens e mulheres), fatos, cenários, agências, conexões, movimentos sociais, políticas raciais, fluxos culturais e narrativas identitárias. O livro tem o intuito de mapear e fazer um balanço dessa produção histórica e, na medida do possível, delinear os avanços, apontar as tendências, discutir problemas, impasses e desafios desse novo campo de estudos e pesquisas.

Antes, porém, de qualquer mal-entendido ou julgamento precipitado, cabe explicar: por que abrir o livro com os caminhos e descaminhos percorridos por Cesarino? Pode-se argumentar, de maneira simplificada, que uma pessoa negra bem-sucedida, que ascendeu na vida, constituiu um caso atípico diante da massa "anômica" de afro-paulistas; logo, sua trajetória particular serviria apenas para reforçar o chamado "mito da democracia racial", na medida em que alimentaria a ilusão de que os indivíduos em São Paulo, independentemente de sua cor ou origem racial, tiveram as portas abertas para a mobilidade social. Não se trata aqui de considerar Cesarino um negro típico (no sentido de "médio", "estatisticamente mais frequente") de seu tempo. É evidente que seu perfil o diferenciava, ao menos em parte, de muitos afro-paulistas. Mas essa particularidade tinha seus limites: primeiro, o do sistema de relações raciais; depois, o da experiência histórica do próprio grupo no contexto republicano de afirmação de direitos e cidadania. Parafraseando Carlo Ginzburg, o sistema de relações raciais proporciona ao indivíduo um leque de possibilidades – uma "jaula flexível e invisível dentro da qual se exercita a liberdade condicionada de cada um" (Ginzburg, 1987, p. 25). Com determinação, Cesarino forçou tal sistema e conseguiu dele se beneficiar mediante o que esteve a sua disposição. É verdade que se tratou de um caso limite, mas ele não deixa de se mostrar significativo, tanto do ponto de vista negativo – porque ajuda a pensar melhor o que se entende por "estatisticamente mais frequente" – quanto do positivo, porque faculta problematizar as possibilidades abertas aos negros no pós-abolição sem incorrer nas abordagens esquemáticas nem nos clichês historiográficos. Portanto, a trajetória de Cesarino não só rompe com os estereótipos tradicionalmente imputados aos afro-brasileiros (e alimentados pelo imaginário racial) como serve de janela para entrever aspectos importantes do protagonismo negro.

I.

Negro no pós-abolição: um sujeito anômico?

Durante muito tempo, a historiografia brasileira concebeu a população negra como sinônimo de escrava, razão pela qual o estudo das experiências e das vivências específicas desse segmento populacional ficou circunscrito às molduras do cativeiro. Quando se chegava ao contexto posterior ao 13 de maio de 1888, data da assinatura da Lei Áurea, os libertos, os ex-escravos e as "pessoas de cor" de modo geral sumiam dos registros historiográficos num "passe de mágica", isto é, desapareciam da pauta das pesquisas, dos livros e das narrativas nos domínios de Clio. Eram os sociólogos, os antropólogos e, por vezes, os cronistas, memorialistas e folcloristas que geralmente se interessavam pelo assunto. Depois de décadas, essa situação está se alterando, felizmente. É crescente o número de historiadores que canaliza suas atenções e energias para documentar, reconstituir e dissecar a experiência histórica da população negra no período pós-escravista, mesmo cientes das dificuldades e complexidades relacionadas à temática.

Um dos primeiros trabalhos acadêmicos sobre a vida das populações afro-paulistas desse período foi desenvolvido por Florestan Fernandes e Roger Bastide[1]. Produzido no momento em que as ciências sociais se

---

1 Isso não significa desconhecer ou escamotear as pesquisas de Alfredo Ellis Junior (1934), Samuel Harman Lowrie (1938) e Ciro T. Pádua (1941), entre outros, que já haviam se dedicado a estudar aspectos da história do negro em São Paulo, mas convém registrar que boa parte dessas pesquisas não teve chancela de uma instituição acadêmica. Ademais,

institucionalizavam no país, foi primeiramente publicado em edição especial da revista *Anhembi*, em 1953, sob o título "Relações raciais entre negros e brancos em São Paulo", e depois reeditado em 1955, como parte de um projeto da Organização das Nações Unidas para a Educação, a Ciência e a Cultura (Unesco) que realizou estudos e pesquisas sobre as relações raciais no Brasil. Em 1959, o livro recebeu novo título, *Brancos e negros em São Paulo*, em segunda edição revista e ampliada. Em três capítulos, Florestan Fernandes procura examinar a história do negro em São Paulo, tanto na época do cativeiro quanto na posterior. Logo na primeira página, uma advertência: os africanos, transplantados como escravos para a "terra dos bandeirantes", viram sua vida e seu destino associarem-se a um "terrível sistema de exploração do homem pelo homem, em que não contavam senão como e enquanto *instrumento de trabalho e capital*". Nesse e noutros momentos do livro, o sociólogo paulista denunciava a violência e a crueldade da escravidão brasileira, negando o chamado mito da democracia racial: "A coerção, a repressão e mesmo a violência constituíam as principais formas de controle social do comportamento dos escravos". É que a "escravidão reduzia o escravo à condição de *coisa*, conferindo aos senhores a possibilidade de racionalizar a própria conduta espoliativa através de argumentos que, no fundo, equiparavam a energia humana de trabalho à força bruta animal" (Fernandes, 1959, pp. 109-10).

O sistema escravista teria sido tão perverso que degradara o agente humano de trabalho, deformando-o intelectual, moral, cultural e

---

o primeiro desses autores, em especial, comungava dos ideários do racismo científico ("Estou convencido", afirmava Ellis Junior, "de que o negro, mesmo educado, não pode nivelar-se ao branco") e das teorias do branqueamento, apregoando o desaparecimento do negro da "terra dos bandeirantes": "Recebemos grandes massas imigratórias da Europa, e os negros com seus mestiços começaram então a minguar. Depois, com a luta social, caíram em decadência e esta se acelera. A diminuição alarmante da natalidade e o aumento da mortalidade provocam seu desaparecimento" (Ellis Junior, 1934, pp. 96 e 100). O próprio Ciro Pádua reporta-se a Ellis Junior nos seguintes termos: "Não morre de amores pelo negro, como ainda procura desfazer os serviços que recebemos da infeliz raça, que o Brasil de hoje reconhece ser credora de nossa gratidão pelo muito que aqui fez e pelas tradições que nos legou no folclore, na música, na culinária, no idioma etc. que não podemos subestimar" (Pádua, 1941, p. 202).

socialmente e impossibilitando-o de afirmar seus próprios interesses ou construir seu próprio devir. O sociólogo paulista assinala:

> Durante todo o regime servil, tanto os escravos quanto os libertos foram reduzidos a um permanente estado de anomia. Não dispunham nem de autonomia econômica e política nem de um sistema de solidariedade grupal que comportassem a formação de anseios comuns na luta pela liberdade (Fernandes, 1959, pp. 136-7).

Bestializado, entorpecido e impotente no sentido de se fazer valer sujeito de sua história, o escravo teria sido assolado pelos rigores e atrocidades do cativeiro, desajustando-se em estado de anomia. Esse modelo explicativo foi em grande parte utilizado por Fernandes para interpretar o que se passou com o negro em São Paulo no pós-abolição.

Para o sociólogo paulista, a "desagregação do regime servil" não provocou nenhuma alteração substancial na posição do negro na estrutura social paulista. Pelo contrário: abandonados à própria sorte, os ex-escravos e seus descendentes não estariam qualificados tecnicamente para competir com os imigrantes europeus nas cidades e mesmo na lavoura, tendo acesso somente às oportunidades de trabalho que exigissem aptidões elementares ou estivessem confinadas ao âmbito doméstico. Uma vez emancipado, o negro passou a carregar nas costas a herança negativa do cativeiro. Sua falta de "vitalidade" seria fruto do pauperismo; da ausência de uma experiência familiar prévia, de uma rede de parentesco e compadrio; do desleixo na criação dada pelos pais; da vida desregrada, habitando cortiços e em meio à promiscuidade; da despreocupação em constituir poupança ou "subir de posição". Em síntese, a marginalização do negro decorria, em boa medida, de seu estado de "anomia social". Todavia, nem tudo estava perdido. O negro até acalentava chances de se "salvar", mas teria que se embranquecer. "As possibilidades de ascensão social do negro e do mestiço", postulava Fernandes, "estavam sujeitas à habilidade de identificação com o branco, revelada de forma concreta e contínua." Contudo, "não só deviam ser capazes de corresponder às expectativas de que agiriam 'como branco', pelo menos com referência a determinados papéis sociais; fazia-se também mister que essa capacidade fosse aceita, reconhecida e legitimada pelos brancos" (Fernandes, 1959, p. 152). Portanto, para deixar a situação de anomia, ser aceito socialmente e progredir na vida, só restava ao negro tornar-se "de alma branca".

Essas ideias foram retomadas e, mais que isso, aprofundadas por Florestan Fernandes em *A integração do negro na sociedade de classes*, sua principal obra sobre a situação do negro no pós-abolição. Apresentada originalmente para atender exigência do concurso da cadeira de Sociologia 1 da Faculdade de Filosofia, Ciências e Letras da Universidade de São Paulo (FFCL-USP, atual FFLCH-USP) em 1964 e publicada no ano seguinte, a obra fez um sucesso descomunal no meio acadêmico e mesmo nos movimentos sociais negros, tendo sido traduzida para o inglês e lançada nos Estados Unidos. Seu valor indiscutível foi o de, por meio dos cânones científicos, ter desmascarado o mito da democracia racial e denunciado a realidade de abissais desigualdades e discriminações raciais no Brasil. O objetivo geral do autor é mostrar que as transformações operadas no país, sobretudo entre o Império e as primeiras décadas da República, redefiniram o funcionamento e a estrutura da sociedade, sem, no entanto, alterar a ordenação das relações raciais. A "população de cor", que já vivia a "heteronomia" de uma situação de castas no regime escravocrata, caiu em completo desajustamento estrutural (de carências materiais e dramas morais) quando se viu jogada na emergente sociedade de classes do pós-abolição, passando a vegetar "em condições de existência social anômica, herdadas diretamente das senzalas e reativadas pelas peripécias da desagregação do regime servil" (Fernandes, 1978, p. 224). Assim, o sistema escravista teria solapado as potencialidades do negro, impedindo-o de adquirir, pela experiência, a mentalidade, o *éthos* e os comportamentos exigidos pelo novo estilo de vida[2]. Esse período da história dos afrodescendentes em São Paulo é caracterizado pela expressão

---

2 O autor chega a escrever com todas as palavras: "A escravidão deformou o seu agente de trabalho, impedindo que o negro e o mulato tivessem plenas possibilidades de colher os frutos da universalização do trabalho livre em condições de forte competição imediata com outros agentes humanos" (Fernandes, 1978, p. 52).

"anos de espera". Incapazes de se adaptar à vida urbana numa sociedade competitiva, eles ficaram à deriva da vida social organizada:

> Tudo isso permite concluir que a cidade não foi especialmente "desumana" ou "hostil" ao *negro*. Ela repeliu, neste, o "escravo" e o "liberto", por não possuírem os atributos psicossociais requeridos para a organização do horizonte cultural e do comportamento social do homem livre. Na medida em que o negro só sabia afirmar-se como "escravo" ou como "liberto", embora desejando ser outra coisa, ele só agravou as condições de vida anômica da senzala, transplantando-se para a cidade (Fernandes, 1978, p. 93).

Para o sociólogo paulista, "nem o 'grande proprietário' nem o 'imigrante' foram pessoal e conscientemente responsáveis pela eliminação gradual do negro da ordem social competitiva em formação", pois a preferência pelos imigrantes em detrimento dos "libertos" no mercado de trabalho não teria conotação racial. Antes, teria sido decorrência "natural" da deficiência daqueles que não adotaram os atributos "psicossociais e morais do 'chefe de família', do 'trabalhador assalariado', do 'cidadão'". O imigrante "cumpria à risca as obrigações decorrentes do contrato de trabalho", estimulado pela perspectiva de "converter sua força de trabalho em fonte de poupança". Já o "negro" e o "mulato" não tinham "autodisciplina", "espírito de responsabilidade", "ambição", por isso "não arrostavam, como os imigrantes europeus, as duras dificuldades que permitiam converter a poupança em fator de acumulação capitalista, de mobilidade ocupacional e de ascensão social" (Fernandes, 1978, p. 29 e 56)[3].

---

3 Fernandes alega que "a recusa de certas tarefas e serviços; a inconstância na frequência ao trabalho; o fascínio por ocupações real ou aparentemente nobilitantes; a tendência a alternar períodos de trabalho regular com fases mais ou menos longas de ócio; a indisciplina agressiva contra o controle direto e a supervisão organizada; a ausência de incentivos para competir individualmente com os colegas e para fazer do trabalho assalariado uma fonte de independência – essas e outras 'deficiências' do negro e do mulato se entrosavam à complexa situação humana com que se defrontavam no regime de trabalho livre" (Fernandes, 1978, p. 30).

Negro no pós-abolição: um sujeito anômico?

Segundo Fernandes, no imediato pós-abolição o negro subsistia em situação de sociopatia. De mentalidade "pré-capitalista", "horizonte cultural médio" e impossibilitado de absorver o "estilo urbano de vida", não conseguia conjugar trabalho regular, vida social organizada, poupança, aspiração de prosperidade, além de padecer de problemas como a penúria, o desemprego, o vício, a criminalidade, o alcoolismo, o abandono do menor, dos velhos e dos dependentes, a mendicância, a vagabundagem, a prostituição, a promiscuidade, as doenças, a criminalidade e, principalmente, a "ausência ou as deficiências da família como instituição social integrada"[4]. Aliás, para o autor, apenas uma minoria da população negra concebia o casamento como valor social e seguia à risca um estilo de vida compatível com a estabilidade da "família integrada".

Diante de todos esses infortúnios, o "meio negro [...] não passava de uma congérie de indivíduos" (Fernandes, 1978, p. 239). Os "homens de cor" não tinham "consciência clara do que deveriam querer coletivamente nem de como agir socialmente, para estabelecer semelhante querer coletivo". Na verdade, eles até teriam lutado esperançosos na nova "situação de classes", mas na condição de "polo alienado". Aqui, Fernandes aponta mais uma deficiência nos negros. Alienados, eles sucumbiram às agruras da vida em estado de

---

4 De acordo com Fernandes, o problema da família negra incompleta ou desestruturada remonta à escravidão, pois a "sociedade senhorial e escravocrata brasileira" sempre procurou "impedir o florescimento da vida social organizada e da família como instituição integrada no seio da população escrava". E seriam a "inexistência da família como instituição social integrada ou, então, o seu funcionamento inconsistente, por estar formando-se em condições adversas", os elementos explicativos centrais da anomia da população negra no pós-abolição. Se esta "tivesse encontrado meios mais rápidos de participação da herança sociocultural da comunidade inclusiva e, particularmente, se tivesse absorvido mais depressa seus modelos de organização da família, é muito provável que aqueles problemas sociais não se propagariam nem se perpetuariam nas mesmas proporções". Numa sociedade de classes em formação, a "família vinha a ser o principal e, por vezes, o único ponto de apoio grupal com que contavam os indivíduos. Sem um mínimo de cooperação e de solidariedade domésticas, ninguém podia vencer naquela 'selva selvagem'; a 'competição individualista', irrefreada ou não, requeria um complexo substrato institucional, de que a família integrada constituía o patamar" (Fernandes, 1978, pp. 154-5 e 198).

"inércia", "apatia", a "verem-se através das expectativas dos brancos" – isso quando não agiram "irracionalmente (ou seja, sem consciência clara de seus interesses ou de seus fins nas relações com os outros)". Sumariando a visão do autor: os negros não estavam preparados para a liberdade, para a condição de cidadãos, uma vez que, jazendo em estado de anomia social, como uma congérie de indivíduos, estavam incapazes de assumir a agência de seu destino, em breviário, estavam incapazes de "sentir, pensar e agir socialmente como home[ns] livre[s]" (Fernandes, 1978, pp. 48, 71, 87 e 95).

O estado de "anomia" – conceito durkheimiano – pressupõe a existência de *éthos*, comportamentos e visões de mundo "normais", definidos de maneira cristalina e estabelecidos a partir de um modelo essencialista de sociedade. Não obstante, quais estilos de vida, paradigmas e repertórios deveriam ser considerados padrão? Seriam aqueles supostamente ideais, estipulados pelas elites como universais? Problemática, essa visão do passado tende a não reconhecer o "outro" a partir de seus valores específicos nem considerar as diferentes experiências de vida – maneiras de ser, pensar e agir – dentro de uma sociedade. Como se sabe, o processo histórico não é estático, unívoco, linear ou unidirecional, mas antes tem caráter mutante, plural, descentrado, multivocal e mesmo contraditório. As mulheres e os homens negros lutaram para manter a rédea de suas vidas nas mãos, enfrentando os desafios do destino. Desenvolveram gramáticas culturais e repertórios políticos próprios, foram protagonistas de vários projetos de liberdade e cidadania, forjaram trajetórias (individuais e coletivas), tramas e narrativas multifacetadas, desempenharam múltiplos papéis sociais e construíram experiências identitárias singulares. Em vez de anômicos, devem ser vistos como pessoas que fizeram uma leitura diferente dos comportamentos, paradigmas e valores considerados "padrões" ou "normais" (Chalhoub, 1986, pp. 54-5 e 114-5).

Em outras palavras, os negros não eram "anômicos", mas (res)semantizaram de forma diversa os códigos sociais, políticos e culturais vigentes. Mais que teimar em não se ajustar aos padrões de conduta hegemônicos, muitas pessoas negras articularam valores próprios que orientaram suas escolhas, atitudes e expectativas nas situações concretas que vivenciaram (Palma e Truzzi, 2012). Com efeito, Fernandes, em certos aspectos, negligenciou a lógica e a racionalidade intrínsecas a esses valores. Na medida em que centrou a abordagem no plano do "devia ser", na direção da normatização, sua obra subestimou ou mesmo não apreendeu a capacidade de autodeterminação dos negros, bem como os significados polissêmicos das diferentes experiências históricas.

As fontes são outro problema da pesquisa de Fernandes. Para traçar as condições de anomia no "meio negro" no imediato pós-abolição, ele consultou fundamentalmente entrevistas empreendidas entre o fim da década de 1940 e o início da de 1950, ou seja, cerca de cinquenta anos depois do período que pretendia analisar. E aceitou, sem crítica ou problematização, a autorrepresentação e os preconceitos de seus entrevistados no tocante à vida "desregrada" dos negros pobres. O discurso dos entrevistados foi tomado ao pé da letra, como um registro da "realidade empírica", e não como provável consequência de sua posição de afro-paulistas das camadas médias, quando não com pretensões de ascensão social.

Apesar desses problemas, a tese da anomia do negro emplacou e por longo tempo foi avalizada pelo mundo acadêmico, de sorte que várias pesquisas nela se inspiraram para explicar o destino da "população de cor"[5]. Nas

---

[5] Dos trabalhos que beberam no filão explicativo aberto por Florestan Fernandes, ver, entre outros, Renato Jardim Moreira (1956), Octavio Ianni (1972, particularmente o primeiro capítulo do livro, "Do escravo ao cidadão"), Maria Isaura Pereira de Queiroz (1977) e José de Souza Martins (1979). Emília Viotti da Costa publicou uma importante obra em 1966, na qual tece ilações de certa maneira congruentes àquelas preconizadas pelo sociólogo paulista. Ao se reportar à produtividade dos trabalhadores da lavoura em São Paulo na época pós-escravista, a historiadora argumenta que os "libertos" se recusavam a trabalhar, limitando-se, quando muito, "a fazer a colheita daquele ano. Recusavam mesmo os altos salários que lhes eram às vezes oferecidos. [...] Nos primeiros meses, [eles] produziam muito menos do que antes" (Costa, 1998 [1966], pp. 508-9). Em trabalho mais recente, Liana Salvia Trindade assevera que foram diversas as formas de adaptação do negro no pós-abolição. Assim, qualquer generalização a respeito da maneira de ser e atuar desse estrato populacional, na condição de "recém-libertos", é abusiva. Apesar dessa sábia advertência, a cientista social uspiana acaba por explicar o que ocorreu com o "recém- -liberto" de maneira esquemática, endossando, em última instância, a tese da anomia de Fernandes: "Definiremos as formas de resoluções adaptativas e anômicas vividas pelos afrodescendentes ante a sua nova condição social: 1. A conformidade que consiste na adaptação ao mercado de trabalho existente:

últimas décadas, entretanto, essa tese tem sido revista ou questionada. Em 1979, o sociólogo argentino Carlos Alfredo Hasenbalg publicou um trabalho no qual demonstrava a insustentabilidade das perspectivas teóricas que estabelecem uma ligação causal direta entre o passado escravista e as relações raciais no período ulterior. Sua conclusão pode ser resumida a duas proposições. Primeiro, a discriminação e o preconceito raciais não permanecem intactos após a Abolição; ao contrário, são reelaborados e atualizados em dissonâncias, adquirindo novos significados, roupagens e configurações dentro das novas estruturas e conjunturas. Segundo, as práticas racistas do "grupo dominante branco que perpetuam a subordinação dos negros não são meros arcaísmos" ou herança da escravidão, "mas estão funcionalmente relacionadas aos benefícios materiais e simbólicos que o grupo branco obtém da desqualificação competitiva dos não brancos" (Hasenbalg, 1979, p. 85).

Na arena historiográfica, Robert Wayne Slenes foi um dos primeiros autores a se contrapor à obra de Fernandes, postulando que o regime de cativeiro não impediu os escravos de contrair uniões conjugais ou formar estruturas familiares estáveis e, a partir delas, estabelecer comunidades próprias e redes de solidariedade (Slenes, 1976 e 1987). Suas pesquisas são importantes porque mostram como os escravos que emergiram do cativeiro valorizavam os laços familiares. Se as pessoas negras foram repelidas depois da Abolição, isso não se deveu à ausência de uma experiência familiar prévia; antes, foi produto da própria "sociedade de classes", que fabricou novos mecanismos de exclusão.

Por um viés bem distinto, Célia Maria Marinho de Azevedo fez, em 1987, outras críticas à obra de Fernandes. Ao estudar o negro no imaginário

---

eles trabalham no comércio ambulante na condição de dependentes de brancos que os empregam e lhes fornecem os pontos de venda, como trabalhadores braçais nas fábricas e empregados nos serviços domésticos das casas familiares ou comerciais. 2. Inovação ante o desemprego: amplia-se o trabalho informal, nos interstícios das estruturas sociais, porém ainda se integram em atividades sociais e no mercado de consumo. 3. Retraimento que conduz à marginalidade social. Esta categoria foi considerada por Florestan Fernandes como a forma predominante, pois resulta do ressentimento e inaptidão dos negros ao mercado de trabalho urbano numa sociedade de classes" (Trindade, 2004, p. 104).

das elites no século XIX, a historiadora advoga que a imagem de "negros" e "mestiços" como uma massa amorfa, inepta, apática e inculta – que saiu marginal da escravidão e foi deformada por ela – surgiu no bojo de um imaginário racista que visava justificar a necessidade de trazer imigrantes europeus em substituição aos negros[6]. Nesse sentido, ao julgar a "anomia" uma herança da escravidão cuja superação excedia a capacidade dos próprios negros, o livro de Fernandes atualizaria esse imaginário das décadas de 1870 e 1880[7]. Realmente, ao ler a obra do sociólogo paulista, percebe-se como seus argumentos atinentes à "população de cor" se aproximam daqueles veiculados pelas elites no momento de *transição* do trabalho escravo para o trabalho livre. Essa concepção é, no mínimo, problemática, pois a visão das elites no fim do século XIX sobre a "população de cor" era pouco mais que uma construção ideológica que almejava legitimar suas intenções e ações[8]. Mesmo não havendo um plano racista firmado aprioristicamente,

---

6 Tal qual Azevedo, Lilia Moritz Schwarcz publicou em 1987 um livro sobre o negro nos períodos imediatamente anterior e posterior à Abolição, enfocando, porém, as construções simbólicas produzidas na imprensa regular. É interessante notar que, embora com objetivos distintos dos de Célia Azevedo, acabou inferindo algo semelhante. À imagem predominante do negro "serviçal dependente, de raça pura e por vezes violento", os jornais parecem "compartilhar ou ceder lugar à representação dominante de finais dos anos 1880, do negro 'bárbaro', 'degenerado', cheio de vícios físicos e morais". A esses "estigmas" acrescenta-se o de "estranho", "estrangeiro". Não obstante, sublinha Schwarcz, "o negro não era apenas um estrangeiro qualquer; era acima de tudo um 'estrangeiro não desejável', principalmente se lembrarmos que nessa época dá-se a introdução em larga escala do imigrante europeu e mesmo de toda uma política que visa a impedir a entrada de mão de obra negra e asiática" (Schwarcz, 1987, pp. 162 e 253-4).

7 "Embora depurada de seus termos racistas", argumenta Célia de Azevedo, "permanece ainda hoje íntegra a argumentação desenvolvida por aqueles que conseguiram se impor no cenário político da província de maior desenvolvimento econômico em fins do século XIX. Aproveitando-se desse debate nacional sobre trabalho e nacionalidade, que em meados da década de 1860 começa a produzir as imagens contrapostas do negro incapaz/imigrante capaz, os políticos paulistas trataram de praticar o projeto imigrantista" (Azevedo, 1987, p. 255).

8 Sidney Chalhoub também observa esse paradoxo: "Os negros libertos – por ocasião do debate sobre a repressão da ociosidade na Câmara dos Deputados, alguns meses após a Abolição – foram descritos pelos barões imperiais, de forma caracteristicamente simplista

não se pode negar a orientação racial do projeto imigrantista encampado pelas elites paulistas, afinal, tratava-se a todo custo "de trazer imigrantes europeus em substituição aos negros, não só nas fazendas como também nas áreas urbanas" (Azevedo, 1987, p. 256).

Em livro traduzido e publicado no Brasil em 1998, George Reid Andrews procede, de maneira análoga, a um acerto de contas com Fernandes, consignando que a tese da dicotomia entre negros atoleimados, irresponsáveis e sociopatas, de um lado, e imigrantes europeus modernos, cultos, altamente qualificados e muito esforçados, de outro, encontraria pouco – se é que algum – respaldo nas evidências históricas disponíveis. De acordo com o historiador estadunidense, os "brasileiros, africanos e europeus pareciam todos igualmente capazes de dominar as operações básicas do trabalho nas fábricas" no contexto pós-escravista paulista, não sendo, assim, "óbvio" que os imigrantes europeus levassem vantagem nas habilidades relacionadas ao trabalho (Andrews, 1998, p. 122). As habilidades dos trabalhadores nas fábricas e fazendas não dependiam necessariamente de instrução ou de experiência profissional anterior, uma vez que o aprendizado técnico da maior parte deles se dava empiricamente, no próprio local de trabalho.

Ao estudar o reordenamento da lavoura em Rio Claro, no Oeste Paulista, entre 1820 e 1920, Warren Dean chegou a conclusão parecida à de George Andrews. Consultando os registros das fazendas do município na primeira década do século XX, o brasilianista verificou que a diferença de produtividade entre os trabalhadores brasileiros e os imigrantes não era substantiva: "Ainda que os fazendeiros tivessem temido que os escravos [libertos] não fossem trabalhar por salário, eles o fizeram". A maioria

---

e maniqueísta, como indivíduos que viviam num estado de 'depravação dos costumes', 'cheios de vícios' e com baixos padrões morais. Mas, por outro lado, um pensador do quilate de um Florestan Fernandes, munido de toda sua inteligência, de numerosos dados empíricos e de sofisticado aparato teórico-metodológico, afirma sobre o mesmo negro liberto que ele apresenta 'deformações introduzidas em sua pessoa pela escravidão' e 'obsessão pelo sexo', e que vivia em estado de 'desorganização permanente de suas condições materiais e morais de existência social'. É estarrecedor e intrigante que pessoas tão diferentes cheguem a conclusões tão parecidas" (Chalhoub, 1986, p. 114).

Negro no pós-abolição: um sujeito anômico?

permaneceu nas lavouras, ganhando menos que os europeus, situação que, para o autor, denota o "sofisma absurdo" de acreditar que os imigrantes eram necessários porque os "libertos faziam um juízo exagerado do próprio valor. Os fazendeiros sem dúvida consideravam o trabalho dos libertos menos satisfatório do que o dos europeus, o que [era] uma falsa suposição, mero preconceito". Dean é contundente ao argumentar que, se os negros e os imigrantes tivessem sido pagos com base na produtividade, "equanimemente, sem distinção de cor", estes últimos "talvez nem tivessem vindo" ao Brasil. Seja como for, a "lamentável teoria" de que os imigrantes eram trabalhadores melhores, mais cuidadosos e mais produtivos, continuava sendo "acolhida pacificamente pelos historiadores" no período contemporâneo (Dean, 1977, pp. 149 e 166)[9].

Se a mão de obra negra não era rechaçada pelos níveis diferentes de habilidade, será que isso se devia à nefasta anomia social (família desintegrada, alcoolismo, criminalidade, prostituição, obsessão pelo sexo etc.) que supostamente acometia a "população de cor"? George Andrews responde que não. Baseando-se na literatura especializada e nos dados dos recenseamentos, o pesquisador notou que os negros formaram unidades familiares, redes de apoio entre avós, parentes, padrinhos e amigos, tendo-se casado em "probabilidade um pouco menor que os brancos". Observou ainda que é preciso relativizar o discurso da *imprensa negra* – fonte também explorada por Fernandes –, que acusava os "elementos de cor" de estarem mergulhados na devassidão e na vida desregrada (criminalidade, alcoolismo, boemia, jogos de azar e vícios), em razão de seu apelo ideológico e moralizante. Caso essas acusações procedessem, a anomia não poderia ser considerada exclusividade da população negra, tendo em vista que os jornais da imprensa operária e os destinados aos imigrantes reproduziam discurso semelhante, denunciando (e lamentando) que seu público-alvo padecia do mesmo tipo de "decadência

---

9 Sobre as condições sociais e de vida da população negra em Rio Claro, um importante município cafeeiro do Oeste Paulista nos períodos anterior e posterior à extinção do cativeiro, ver o livro de Thiago Mandarino (2014).

moral" que pretensamente atingia os negros. Na avaliação do historiador estadunidense, há "certamente evidências" de que a "comunidade negra de São Paulo sofria do crime, da pobreza e da 'desorganização social' descritos por Fernandes, embora talvez não no grau em que ele sugeriu". Mas o "crime", a "pobreza", a "devassidão" e a "anomia" não ficavam confinados ao "meio negro". Estendiam-se tanto aos brancos pobres como aos imigrantes[10]. Por isso, conclui Andrews:

> A exclusão dos trabalhadores negros do primeiro estágio da industrialização paulista parece ter tido menos a ver com a suposta incapacidade desses sujeitos do que com a política do Estado, que trabalhou para inundar o mercado de trabalho com trabalhadores europeus, enfraquecendo assim a posição de barganha tanto dos trabalhadores negros quanto dos brancos e permitindo que os empregadores demonstrassem a sua preferência pelos últimos (Andrews, 1998, pp. 133 e 150-1).

Em artigo de 2010, Karl Monsma compara a situação de negros, brasileiros brancos e imigrantes de diferentes origens no município de São Carlos em 1907, quando se realizou um censo local. A partir do cotejo das informações sobre ocupação, acesso à propriedade, estrutura familiar e alfabetização

---

10 Andrews alerta que, em vez de uma divisão essencializada ou idealizada entre os grupos que disputavam um lugar ao sol em São Paulo, encontrou uma "situação mais ambígua em que as populações negras e imigrantes realmente se pareciam de maneiras incríveis e inesperadas" (Andrews, 1998, p. 120). Em seu livro sobre a criminalidade em São Paulo de 1880 a 1924, Boris Fausto igualmente discorda da leitura que Florestan Fernandes faz do comportamento sexual e familiar do negro. Será que esse comportamento era de fato volúvel, a ponto de não haver respeito aos valores familiares da época? "Sem pretender negar a existência de peculiaridades no meio negro", escreve Fausto, "é significativo observar a semelhança desse comportamento com o de rapazes brancos. Ele não é específico dos grupos de cor, mas produto das concepções enraizadas em todas as camadas da sociedade. Antes de constituir uma prova de desvalorização social da virgindade [feminina] entre a gente de cor, ou de um traço 'extremamente sociopático', os exemplos [que Fernandes apresenta em seu livro] sugerem o contrário: a valorização na 'sociedade negra' de padrões vigentes na sociedade em geral, em que se incluem a virgindade e o casamento, se possível com todo o seu envoltório formal" (Fausto, 1984, p. 58).

Negro no pós-abolição: um sujeito anômico?

desse levantamento com o censo agropecuário estadual de 1904-5, o autor questiona a tese de que a competição dos imigrantes alijou por completo os negros, particularmente os libertos, das atividades produtivas mais estáveis e rentáveis. De acordo com Monsma, os "negros não eram excluídos do colonato nem de outros empregos manuais", mas saíam em desvantagem. Primeiro, porque quase não existia uma "elite negra, ao passo que havia um bom número de comerciantes, profissionais escolarizados e alguns grandes fazendeiros entre os imigrantes". Segundo, porque "as famílias imigrantes eram maiores, na média, que as famílias brasileiras, e as famílias de negros eram as menores entre todos os grupos". As famílias maiores eram preferidas pelos fazendeiros e podiam ganhar mais como colonos ou empreiteiros. Terceiro, porque a proporção alfabetizada da comunidade negra "era muito baixa [se] comparada com as proporções entre imigrantes e brasileiros brancos". Na época, os analfabetos não sofriam muitas desvantagens no mercado de trabalho braçal, mas eram preteridos "de vários empregos melhores, sobretudo no comércio e no serviço público". Seja como for, o estudioso estadunidense colige informações e dados comprobatórios de que, embora os imigrantes levassem vantagem no mercado de trabalho, os libertos e outros negros não foram completamente repelidos do colonato nem de outros empregos da economia do café (Monsma, 2010, pp. 535-6).

Outra assertiva criticada por Monsma é a do liberto "anômico", sem laços sociais, disciplina interna e inclinação à labuta diária. Em seu livro *A reprodução do racismo* (Monsma, 2016), ele apresenta evidências de que os libertos valorizavam as uniões familiares, investiam nos casamentos e se esforçavam para se posicionar no sistema ocupacional, de modo que, vinte anos depois da Abolição, a grande maioria dos negros no Oeste Paulista ocupava algum posto laboral. Sem acolher a teoria de que os imigrantes eram lavradores melhores, mais morigerados e produtivos, as pesquisas recentes têm demonstrado que a marginalização (ou inclusão marginal) do negro no mercado de trabalho após a extinção do cativeiro não derivou de uma pretensa "anomia" ou mesmo incapacidade para trabalhar em ambiente de competitividade, quer no campo quer na cidade (Santos, 1997; Monsma, 2010; Azevedo, 2009; Mandarino, 2014; Jacino, 2015). Basta saber que, onde a política estatal de importação em massa de imigrantes não vingou, como no Rio de Janeiro, os afro-brasileiros representaram um componente importante da força de trabalho. Mesmo nas regiões de intensa imigração, como no Oeste Paulista, os afro-brasileiros nunca foram totalmente barrados das ocupações nas fazendas ou da ampla variedade de ofícios urbanos. Isso não deve surpreender. Para as elites, o lugar do negro era trabalhando em posições subalternas e servindo-as. Bem menos aceitável "era qualquer pretensão do negro à ascensão social e à igualdade com os brancos da elite" (Monsma, 2010, pp. 536-7).

O "meio negro" revisitado

Talvez pelo contexto intelectual em que estava inserido, Florestan Fernandes não percebeu, em vários aspectos, como os ex-escravos e seus descendentes foram dotados de vontades próprias, procuraram reorganizar a vida a partir de sua própria perspectiva, inventaram e reinventaram cotidianamente a liberdade, emprestando significados singulares (nem sempre convencionais) a suas ações. No entanto, não lhe faltou sensibilidade para documentar os "movimentos sociais do meio negro". Ele e Roger Bastide foram os primeiros intelectuais da USP a se aproximar das organizações da "população de cor", convidando lideranças como José Correia Leite, Arlindo Veiga dos Santos, Isaltino Veiga dos Santos, Sofia de Campos, Francisco Lucrécio, Raul Joviano Amaral, Geraldo Campos de Oliveira e Edgard Theotonio Santana a participar, na condição de informantes e colaboradores, da pesquisa sobre relações raciais realizada entre o fim da década de 1940 e o início da de 1950[11].

---

11 José Correia Leite – uma das lideranças afro-paulistas históricas – conta que, na época da pesquisa de Florestan Fernandes e Roger Bastide, forneceu "dados para um moço, estudante de sociologia, chamado Renato Jardim Moreira. Nós chegamos a fazer um trabalho que foi utilizado na pesquisa da Unesco, chamado *Relações entre negros e brancos em São Paulo*" (Leite, 1992, p. 17). Já Edgard Theotonio Santana – um médico controverso, que se arvorava dirigente do "meio negro" – escreveu, no período da realização da pesquisa dos intelectuais da USP, um livro de título deveras revelador

Ao inquirir a "luta contra o preconceito de cor" e a "defesa dos direitos sociais da gente negra", Fernandes abordou os jornais da chamada imprensa negra, os grupos, os clubes e as associações afro-paulistas, como o Centro Cívico Palmares (1926-9) e a Frente Negra Brasileira (1931-7). Ele via esses movimentos com simpatia, por tenderem a favorecer a democratização do país, e acreditava que seus líderes

> não fizeram mais do que dar expressão a sentimentos e a anseios gerais, existentes de forma obscura pelo menos em parte da população de cor da cidade. Isso quer dizer que eles não "criaram" artificialmente os objetivos daqueles movimentos, como se asseverou em alguns círculos da população branca (Fernandes, 1959, p. 290).[12]

Para o ambiente acadêmico dos Anos Dourados, o sociólogo paulista foi arrojado por tratar dos "movimentos sociais do meio negro" em suas pesquisas, porém não aprofundou uma série de questões, para não dizer que deixou várias lacunas. Depois de um hiato de anos, esses movimentos voltaram a fazer parte da agenda dos cientistas sociais e, mais tardiamente, dos historiadores. Em 1977, Michael Mitchell levou a cabo uma pesquisa que buscava captar o nível de consciência racial nas atitudes políticas

---

de seus propósitos: *Relações entre pretos e brancos em São Paulo: estudo de cooperação à Unesco* (Santana, 1951). Não foram tão somente os homens negros que contribuíram com aquela empreitada "científica". Na introdução do livro *Brancos e negros em São Paulo*, Roger Bastide faz um agradecimento expresso a Sofia de Campos, uma liderança das mulheres negras: "Sofia de Campos prestou uma valiosa cooperação, tanto nas reuniões dos Seminários sobre as Relações Raciais em São Paulo, realizados na Associação José do Patrocínio, quanto nos trabalhos da Comissão do Estudo da Situação da Mulher Negra em São Paulo, que se reunia no Departamento de Sociologia e Antropologia da Faculdade de Filosofia, Ciências e Letras da Universidade de São Paulo" (Bastide, 1959, p. XVIII).

12 Fernandes reitera essa ideia em sua obra: "Os movimentos sociais que se desenvolveram ou estão em processo no 'meio negro' nasceram de influxos sociais e não de idiossincrasias de alguns líderes de cor contra os brancos. O fundo cultural e social que os engendrou não sofreu alterações até o presente, e continua a gerar os mesmos sentimentos de insatisfação e de inconformismo no ânimo dos negros e mulatos" (Fernandes, 1959, p. 300).

e no comportamento dos afro-paulistas, com o objetivo de determinar como uma "minoria", tecida numa suposta democracia racial, respondia a um quadro de "vitimização". Para o brasilianista, a consciência racial foi (e continuava sendo) um recurso valioso com o qual os afro-paulistas puderam confrontar as restrições de cor e outras formas de subordinação (Mitchell, 1977). Sua pesquisa retomou questões ligadas à história da Frente Negra Brasileira e esboçou um panorama das iniciativas empreendidas pela imprensa negra e pelas organizações afro-paulistas da Segunda República (1945-64), como a Associação do Negro Brasileiro e a Associação José do Patrocínio.

Em 1989, Maria Ercilia do Nascimento avançou no recorte temporal da temática e investigou a formação e a dinâmica interna do associativismo negro de São Paulo nos anos 1970, enfocando especialmente a trajetória do Movimento Negro Unificado (MNU). Sua finalidade foi averiguar como a principal organização antirracista da época tentou cavar espaço político e se impor diante dos outros movimentos – como partidos e sindicatos – que aspiravam reconquistar a democracia no país, suprimida pelo golpe civil-militar de 1964. Por não ser um bloco homogêneo, o MNU comportava uma pluralidade de correntes e opiniões que travavam embates por seu controle. Em linhas gerais, pode-se dizer que eram duas as correntes em disputa: uma de caráter acentuadamente cultural e outra gestada no interior da esquerda marxista. A organização conseguiu animar arenas, propostas, ações e narrativas em torno de sua política racial, mas, segundo a autora, não foi capaz de manter a unidade dos diversos grupos que o formavam, acarretando a perda de sua força e hegemonia no movimento negro (Nascimento, 1989).

Na década de 1990, aumentou o interesse do mundo acadêmico por assuntos relativos à agência afro-paulista. Houve uma ampliação do leque de pesquisas, do aparato analítico e das (re)leituras e interlocuções, o que contribuiu para trazer à cena novos problemas, questões, fontes e objetos. Desse momento, merece destaque o trabalho de Regina Pahim Pinto, de 1993, comparando o associativismo negro de São Paulo de 1900 a 1937 e o de 1970 ao início da década de 1980, sem deixar de examinar os acontecimentos entre esses dois intervalos de tempo. Esse associativismo é interpretado como "tentativa de o negro formar um grupo étnico no sentido político e, assim, ganhar força e coesão para se colocar perante a sociedade e reivindicar o seu espaço e os seus direitos". Dele resultaria uma identidade racial não estigmatizada, para a qual a afirmação da cultura negra teria desempenhado papel de suma importância. Segundo Pinto, esse associativismo almejava, num primeiro momento, a inclusão da "população de cor" na sociedade de classes, limitando-se a criticar os entraves a essa plena inclusão, ao passo que, num segundo momento, ele se redefiniu, se metamorfoseou e assumiu uma postura de questionamento da própria sociedade de classes.

Essa não foi a única – nem a principal – transformação constatada pela autora. Quando faz um balanço do associativismo negro em uma perspectiva diacrônica, ela verifica como, no primeiro instante, o afro-paulista é marcado pela experiência do "preconceito de cor", no sentido de pensar a si mesmo e os fatores responsáveis por essa situação, "processo no decorrer do qual ele toma consciência de si próprio e procura pontos positivos, através dos quais possa se colocar diante de si e da sociedade". Nesse percurso tortuoso, o investimento numa identidade centrada em sua cultura, em suas origens, torna-se um meio de se afirmar, reivindicar seus direitos, ser reconhecido pela sociedade e, nela, lograr um espaço mais condigno. A perseverança em impulsionar uma identidade negra direcionada para suas raízes *afro*, que deveriam ser preservadas, enaltecidas e difundidas, passou a ser o aspecto mais enfatizado pelo ativismo afro-paulista no segundo instante, não só pela frequência com que a identidade étnica é evocada, "mas pela sua abrangência. Seu reforço é visto como condição essencial, se não para resolver, pelo menos para minorar os problemas do negro" (Pinto, 1993b, p. 470-1)[13].

Em 1997, Maria Aparecida Pinto Silva rastreou as associações culturais e recreativas dos "homens de cor", partindo da suposição de que

---

13 "A preocupação do negro em se afirmar, em mostrar as suas realizações, certamente sempre existiu", assevera Regina Pinto. "No entanto, quando se observa essa característica numa perspectiva diacrônica, percebe-se que a identidade, que se construía em torno dos problemas que o negro enfrentava na sociedade, passa, cada vez mais, a ter como substrato a cultura negra ou a cultura afro" (Pinto, 1993, p. 470).

o lazer ocupava um lugar privilegiado na vida dos afro-paulistas, posto que era o "espaço do não racismo". Ali, essas pessoas reuniam forças para a labuta diária e frequentavam sem medo de ser felizes ou mesmo de se deparar com "hierarquias em função da raça ou posição social" (Silva, 1997, p. 95). Analisando várias associações – como Clube Negro de Cultura Social, Associação Cultural do Negro, Clube Coimbra, Aristocrata Clube, Clube 220–, a autora certificou-se de que as modalidades de lazer eram amplas e diversificadas: baile, cordão carnavalesco, grêmio recreativo, práticas desportivas, encenações teatrais, concursos de beleza, piqueniques e excursões.

Já a obra de Michael George Hanchard, traduzida para o português em 2001, problematiza os movimentos sociais negros no eixo São Paulo-Rio de Janeiro, de 1945 a 1988. Tirando do limbo personagens, instituições, tramas, confabulações, plataformas e ações coletivas, o trabalho busca a um só tempo promover um exame crítico da política racial e tecer uma análise que relaciona "os elementos históricos e contemporâneos dessa política racial a debates mais amplos sobre raça, classe e cultura". Talvez o maior mérito dessa obra do brasilianista seja o empenho em teorizar acerca da história do ativismo negro no pós-Segunda Guerra. Sua tese central é de que as pessoas brancas – especialmente as das elites – desenvolveram uma política de hegemonia racial, sob a qual vêm se reproduzindo as desigualdades entre os grupos de cor. A militância afro-brasileira resistiu e buscou mesmo forjar um projeto de contra-hegemonia racial, no entanto malogrado (Hanchard, 2001).

Durante a década de 1990, sobretudo na aurora do terceiro milênio, o tema do associativismo negro em São Paulo conquistou cada vez mais espaço e visibilidade nos meios acadêmicos, com pesquisas que esquadrinharam a postura das lideranças, a vida orgânica dos grupos, as retóricas raciais, as estratégias (formas de resistência e acomodação), os repertórios, as cenografias, as ações coletivas, os alcances e limites – enfim, que puseram em evidência os diversos aspectos do associativismo afro-paulista. Nessas pesquisas, a Frente Negra Brasileira ganhou notoriedade ímpar (Taylor, 1978; Silva, 1990, pp. 162-80; Andrews, 1991, pp. 31-5; Maués, 1997, pp. 95-138, e 1998, pp. 228-41; Butler, 1998, pp. 113-28; Gomes, 2005, pp. 44-67; Hofbauer,

2006, pp. 347-70; Mitchell, 2011). Por isso vale a pena visitar um pouco de sua história. Oficialmente, a Frente Negra foi fundada em 16 de setembro de 1931, fruto da tentativa de que pessoas negras se unissem em torno de um organismo que lutasse pelos seus direitos e, finalmente, contassem com um local para exercer sua sociabilidade. A princípio, a agremiação instalou-se em duas salas no Palacete Santa Helena, localizado na praça da Sé, centro da cidade de São Paulo, passando a ocupar, posteriormente, um casarão na rua da Liberdade, 196, onde permaneceu até o encerramento de suas atividades, em dezembro de 1937. Suas dependências abrigavam, além da presidência, da secretaria e da tesouraria, os diversos departamentos (de Instrução ou de Cultura, Musical, Esportivo, Médico, de Imprensa, de Artes e Ofícios, Dramático e Jurídico-Social). Havia locais destinados às reuniões, às aulas e aos ensaios do corpo cênico e do Regional Frentenegrino – grupo de músicos e cantores. A Frente Negra também mantinha em sua sede um salão de beleza, barbeiro, bar, salão para jogos e divertimentos, gabinete dentário, uma caixa beneficente e um posto de alistamento eleitoral.

O número de associados aumentou em ritmo acelerado e, embora as estimativas a respeito sejam discrepantes – Michael Mitchell (1977) calculou 6 mil sócios em São Paulo e 2 mil em Santos, enquanto Florestan Fernandes (1978) referiu-se a 200 mil sócios, sem especificar, contudo, se em São Paulo ou no Brasil. De acordo com um dos depoentes da pesquisa de Regina Pahim Pinto (1996), havia 50 mil associados; segundo outro, 30 mil. Sem dúvida a entidade desfrutava de prestígio entre as pessoas negras, que a procuravam para resolver seus problemas de moradia, emprego e discriminação racial, por exemplo. Durante sua existência, a Frente Negra teve dois presidentes: Arlindo Veiga dos Santos, que exerceu o cargo até junho de 1934, e Justiniano Costa, que durante a gestão anterior fora tesoureiro. A agremiação criou uma série de símbolos diacríticos – bandeira, hino, documento de identidade com foto e dados de identificação dos associados, e até uma milícia – e reiterava que seus objetivos eram a união do negro, sua elevação e completa integração na vida nacional. Os recursos provinham basicamente das contribuições dos associados, das mais de sessenta "delegações" (sucursais) – distribuídas no interior de São Paulo e em outros estados, como Minas Gerais, Espírito Santo e Rio de Janeiro – e da venda de seu jornal, *A Voz da Raça*. Era grande o intercâmbio da sede com as delegações do interior e de outros estados, com pessoas do meio negro, com autoridades governamentais e também com personalidades influentes no meio social e político da época.

Aos domingos, a Frente Negra promovia em sua sede palestras, conferências sobre temas cívicos ou de interesse da população negra. Eram as concorridas domingueiras, reuniões destinadas a desenvolver nesse segmento populacional a consciência relativa a raça, direitos e cidadania. Dentre as várias datas comemoradas pela agremiação, as principais eram o 13 de Maio (abolição da escravatura) e o 16 de Setembro (aniversário de fundação), nas quais havia vasta programação: hasteamento da bandeira frentenegrina, missa e romaria aos cemitérios em visita aos túmulos de abolicionistas e associados, além de sessões solenes, em que discursavam os dirigentes da Frente Negra e as autoridades da sociedade civil e do poder público. Os frentenegrinos se viam como sujeitos diferenciados. Havia de sua parte um grande orgulho da entidade, cujas atividades eram consideradas muito importantes para o meio negro. Isso talvez explique o desnorteamento e a perplexidade que tomaram conta dos associados por ocasião de seu fechamento, com a instauração da ditadura do Estado Novo (Pinto, 1996).

A jornada histórica da Frente Negra Brasileira vem sendo contada e recontada pela produção acadêmica do último quartel. É verdade que, antes, Virgínia Leone Bicudo (1945), Florestan Fernandes (1978), Michael Mitchell (1977) e Regina Pahim Pinto (1993b) já haviam feito incursões investigativas pela maior organização em defesa dos direitos da população afro-brasileira na era republicana. Foi somente no último período, contudo, que a experiência histórica da Frente Negra se tornou objeto de trabalhos específicos (Oliveira, 2002; Silva, 2003; Domingues, 2005; Oliveira, 2006; Lima, 2011).

Em 2007, Maria Aparecida de Oliveira Lopes produziu uma pesquisa na qual enfeixou o protagonismo afro-paulista do período entre 1945 e 1978 pelo viés dos mitos, das memórias, dos símbolos e das representações da história. Seu intuito foi compreender os significados e sentidos atribuídos pelos intelectuais e ativistas negros a seus imaginários, símbolos e efemérides, especialmente às datas abolicionistas de 28 de Setembro (Lei do Ventre Livre), 13 de Maio (Lei Áurea) e 20 de Novembro (presumível morte de Zumbi dos Palmares, data convertida em Dia da Consciência Negra). De acordo com a autora, os grupos envolvidos nessas comemorações elaboraram e difundiram uma grade polifônica de discursos, cenografias, símbolos, artefatos e imagens relacionadas à história do negro. Em alguns momentos, eles comemoraram tais eventos negociando com as elites, com o Estado, com determinados setores da sociedade civil; em outros, buscaram fazer das efemérides uma vitrine para suas aspirações, expectativas, plataformas e reivindicações. Isso fica evidente nas publicações dos intelectuais e ativistas negros, em suas retóricas, *performances* e celebrações no espaço público (Lopes, 2007). Naquele mesmo ano de 2007, Karin Sant'Anna Kossling perscrutou como o ativismo negro de São Paulo tornou-se alvo do aparato policial, vigilante e repressivo montado pelo regime militar, de 1964 a 1983. E procurou, nesse panorama, entender as contraposições entre, de um lado, as lutas antirracistas delineadas pelos afro-paulistas e, de outro, os discursos, as táticas e ações dos órgãos de repressão, especialmente as do Departamento de Ordem Política e Social (Dops) (Kossling, 2007 e 2011).

Como os ativistas e intelectuais negros das cidades de São Paulo, Rio de Janeiro e Salvador se mobilizaram em movimentos de afirmação racial e cultural ao longo do século XX? De que forma eles lidaram com questões como identidade racial, autodeterminação, projetos de nação e cidadania? Como se relacionaram e negociaram com as ideologias raciais dominantes no Brasil nesse período? Ou, sendo mais preciso, como lidaram com a "democracia racial" – o termo mais comumente empregado para se referir às ideias brasileiras de relações harmoniosas entre negros e brancos? É em torno dessas questões e de outras correlatas que se constrói o livro de Paulina L. Alberto, publicado originalmente nos Estados Unidos em 2011 e traduzido para o português seis anos depois. Partindo do pressuposto de que as ideias de "fraternidade racial" e "democracia racial" eram metáforas mutantes da nação, que adquiriram diferentes sentidos e diversos significados ao longo do século XX, a brasilianista sustenta a tese de que os ativistas e intelectuais dos movimentos negros conceberam aquelas metáforas principalmente como meio de abrir um espaço de interlocução e negociação com as elites (intelectuais e políticas). A partir desse espaço, os afro-brasileiros poderiam pautar suas questões, expectativas e aspirações de pertencimento, reconhecimento e cidadania. Enquanto o ideal de "democracia racial" foi amiúde usado pelas elites para negar o racismo à brasileira e fazer circular imagens e representações de convivência harmoniosa entre negros e brancos, os afro-paulistas – com suas narrativas, associações e jornais – tentaram fazer dele uma via para discutir direitos e, no limite, negociar sua inclusão no seio da comunidade nacional.

No decorrer dos seis capítulos do livro – "Estrangeiros (1900-1925)", "Fraternidade (1925-1929)", "Nacionais (1930-1945)", "Democracia (1945-1950)", "Diferença (1950-1964)", "Descolonização (1964-1985)" –, a autora argumenta que os ativistas e intelectuais negros de São Paulo, Rio de Janeiro e Salvador, desde as primeiras décadas do século XX, cumpriram um papel ativo ora na edificação, ora na manutenção, ora na contestação da ideologia da harmonia racial. Mesmo que em alguns momentos tenham legitimado tal ideologia, em outros refutaram-na, vociferando publicamente a existência do racismo, como ainda houve contextos em que acionaram aquela ideologia em sentido antirracista. Isso ocorria, por exemplo, quando o discurso da harmonia racial era usado para denunciar as prevenções de cor/raça como contrárias ao *éthos*, se não ao *modus vivendi*, do brasileiro. O livro de Paulina Alberto procura, assim, mapear os diferentes momentos do pensamento e das ações político-culturais dos ativistas e intelectuais negros, inscrevendo tais momentos na longa luta travada por esses agentes a favor de um Brasil mais justo, com inclusão social e respeito à diversidade racial (Alberto, 2011).

Já no interior paulista, a população negra enfrentou uma série de dificuldades no pós-abolição para ter suas competências e potencialidades reconhecidas no mercado de trabalho e na vida social, política e cultural. O "preconceito de cor" era algo que ousava dizer seu nome, causando perdas e danos na vida de vários brasileiros de "pele escura". Em estudo de campo realizado por um grupo de pesquisadores na cidade de Jaú no início da década de 1940 – e resumido em artigo de Emílio Willems –, constatou-se que, nos educandários e em três ginásios locais, não havia "pretos". Estes não eram atendidos pela maioria dos barbeiros e frequentavam exclusivamente "salões de bairro". Durante o *footing*, na praça da República, o centro era reservado aos "brancos" e a periferia, aos "pretos". Uma sessão no cinema da cidade era mais frequentada por estes e outra, por aqueles. Conquanto não havousse segregação institucionalizada, emergiu uma "linha de cor" cuja observância pelos membros da comunidade local parecia não depender de sanções (Willems, 1942, pp. 308-9).

Esse fenômeno não era novo. Quando analisou a correspondência dos delegados do Oeste Paulista nos primeiros sete anos subsequentes à extinção do cativeiro, Karl Monsma encontrou quatro casos de linchamento de "libertos", com seis vítimas. Em São Carlos, um mês e meio depois de a Lei Áurea entrar em vigor, o "liberto João" foi acusado de espancar, estuprar e roubar Palmira Faria de Sampaio, de 17 anos e recém-casada, em uma chácara próxima à cidade. De acordo com Monsma, não está provado que a vítima realmente foi estuprada. No inquérito policial, ela não teria mencionado a violência sexual, restringindo-se a dizer que o agressor a espancou para obrigá-la a revelar onde o dinheiro do casal estava guardado. Seja como for, a revolta foi ingente e, dois dias depois do crime, um grupo de pessoas se reuniu perto da cadeia, decidido a tirar João e matá-lo. Dito e feito. Naquela mesma noite, cerca de quatrocentas pessoas invadiram a cadeia, retiraram João e o executaram com pancadas e tiros. Em seguida, penduraram o cadáver em uma árvore na praça da Matriz. Em novembro de 1889, aproximadamente oitocentas pessoas atacaram a cadeia de Araraquara. Arrombaram a cela onde dois negros estavam presos e os mataram ali mesmo, a "múltiplos golpes de machado, facadas e tiros. Depois penduraram os corpos 'horrorosamente mutilados' em uma árvore no pátio da cadeia". Não satisfeito, o amontoado de pessoas brancas ainda insultou outros negros da cidade, esbordoando alguns deles. Em 1893, num povoado do município de Leme, o subdelegado suspeitou que dois indivíduos, um "negro" e um "caboclo", fossem larápios e tentou prendê-los. Os dois reagiram com tiros, baleando um policial, mas acabaram sendo capturados. Como a cadeia local era precária, o subdelegado resolveu enviar os presos a Pirassununga, mas, quando os conduzia até a estação de trem, ouviram-se "vozes de 'Mata! Mata!' e muitas pessoas atacaram a pau e pedras os presos, dos quais um correu e refugiou-se numa casa contígua, donde foi arrastado para a rua e morto, assim como seu companheiro" (delegado de Pirassununga, 23 jan. 1893, *apud* Monsma, 2009, pp. 2-4).

Em junho do mesmo ano, o "pardo" Manoelzinho foi preso na cidade de Santa Cruz das Palmeiras, sob a acusação de ter estuprado e assassinado Durcilla Corrêa, "mulher do maquinista de uma fazenda". Uma semana depois do crime, com o inquérito policial concluído, mais ou menos 1,5 mil pessoas se aglomeraram em frente à cadeia e exigiram a entrega de Manoelzinho "para ser interrogado na praça pública". A multidão estava irada e virulenta. O acusado foi retirado à força da cadeia e interpelado na praça. Em seguida, a multidão o conduziu ao cemitério para, próximo ao túmulo de Durcilla, matá-lo "com tiros, pancadas e punhaladas. Os agressores também castraram e arrastaram seu corpo pelas ruas da vila. O subdelegado em comissão acreditava que as senhoras da vila se mostraram particularmente satisfeitas pelo linchamento".

Monsma avalia que o número de linchamentos de negros no Oeste Paulista é ínfimo se comparado aos casos relatados no Sul dos Estados Unidos, mas as circunstâncias e a perversidade desses assassinatos coletivos eram muito similares aqui e lá[14]. Embora fossem poucos, os linchamentos do Oeste Paulista "tinham grandes repercussões locais, e sem dúvida serviram para intimidar os outros negros e limitar sua ousadia" (Monsma, 2009). O estudioso estadunidense não se equivoca. O requinte de crueldade desses assassinatos públicos e a exposição dos corpos

---

14 Tanto no Brasil como nos Estados Unidos, linchamentos eram eventos públicos, dotados de elementos rituais, tais como a invasão das cadeias, a tortura, o assassínio público – realizado coletivamente por grupos de pessoas brancas –, a exposição pública dos corpos mutilados e a tendência a pendurá-los em árvores nas praças centrais das cidades do interior. Os brasileiros sem dúvida imitavam os linchamentos norte-americanos, cujas descrições liam com certa frequência nos jornais; de fato, esta forma de ação coletiva servia para dar vazão a seus sentimentos a respeito dos linchados em particular e dos negros em geral (Monsma, 2009, pp. 5-6).

Negro no pós-abolição: um sujeito anômico?

mutilados eram maneiras eficazes de aterrorizar e intimidar outros negros, ajudando a coibir sua "impertinência" e a mantê-los "no seu lugar"[15].

Em outra pesquisa, Monsma aborda as novas formas de racismo que emergiram no Oeste Paulista – principal região produtora de café do estado – na época da Abolição e nas primeiras décadas subsequentes, tendo sido manifestas pelos brasileiros brancos e assimiladas pelos imigrantes europeus, a maioria dos quais não havia tido nenhum contato com pessoas negras antes de chegar ao Brasil. O autor argumenta que os conflitos entre trabalhadores negros e fazendeiros no Oeste Paulista quase sempre envolviam a renegociação do estatuto social dos primeiros. Na maioria dos casos, libertos buscavam igualdade social e legal, tentando afirmar a cidadania pela prerrogativa da Abolição, ao passo que muitos fazendeiros procuravam manter sua dominação em moldes senhoriais (Monsma, 2016).

O pesquisador estadunidense compulsou os inquéritos policiais e processos criminais do Oeste Paulista no período de 1888 a 1914 e observou como os brancos, fossem brasileiros, fossem imigrantes, confeririam um tratamento desrespeitoso às pessoas negras. A rebeldia dos escravos na década de 1880 teria deixado os fazendeiros ressentidos; com a Abolição, seu desdém e ódio por negros só fez aumentar. Fazendeiros

---

[15] Os linchamentos "descobertos" por Monsma são extraordinários; contudo, outros especialistas já haviam registrado episódios semelhantes. Em 1977, quando se reportou à situação do negro em Rio Claro na quadra imediatamente posterior ao 13 de maio de 1888, Warren Dean deu conta de que: "As pessoas de cor eram segregadas quanto à moradia no centro da cidade, e os recém-libertos eram obrigados a viver em casebres na periferia. As pessoas de cor não podiam participar do *footing* na praça e de outros eventos sociais. Ainda que eles tivessem sua própria irmandade, banda e clubes sociais, sua exclusão por meios sub-reptícios das agremiações dos brancos só teve lugar depois da Abolição, e teve o efeito de bloquear-lhes o acesso às principais vias de mobilidade social". A situação dos "libertos" em Rio Claro era tão complicada que a violência contra eles "era coisa diária, e, quando suspeitos de estupro de mulher branca, eram linchados" (Dean, 1977, p. 149). Portanto, Dean já havia reportado linchamentos de "libertos" antes de Monsma. Pode-se argumentar, entretanto, que o relato feito por Dean é superficial, ao passo que o de Monsma assume um caráter analítico, não se esgotando na mera descrição.

e autoridades locais tendiam a perseguir os brasileiros de "pele escura" sem o mínimo de escrúpulo. Nas interações face a face, proprietários e administradores de fazendas se "irritavam com qualquer sinal de desacato dos negros, recorrendo rapidamente à violência para rebaixá-los e humilhá-los". Os imigrantes, por sua vez, mantinham o padrão da "linha de cor" e tendiam a menosprezar os negros, quando não hostilizá-los. Estes se encontravam com aqueles no dia a dia, em situações de sociabilidade e interação amigável que amiúde desembocavam em violência. A maior parte dessas "interações perigosas" envolvia disputas sobre quem tinha o direito de mandar e quem devia acatar. Quando um negro repelia um imigrante, comumente era em resposta a uma atitude de superioridade e autoridade que este havia assumido, sem justificativa. Já um europeu feria ou matava um afro-brasileiro em geral "depois de este ter afirmado sua igualdade e dignidade abertamente, insistindo em trato igual". Fato é que muitos brasileiros de "pele escura" se recusaram a aceitar a subordinação e a humilhação, o que gerava um clima de tensão e conflito. As intimidações, trocas de farpas e brigas eram constantes, mas a "preponderância numérica dos imigrantes e o grande número de homens jovens entre eles significavam que libertos e outros brasileiros negros ficavam vulneráveis a agressões físicas cometidas pelos imigrantes" (Monsma, 2007a, pp. 113-5)[16].

Estudos coetâneos têm demonstrado que, malgrado esse estado de vulnerabilidade, os homens e as mulheres de cor das cidades do interior paulista – como Campinas (Hammond, 1963; Barbosa, 1983; Pinto, 1993a; Pereira, 2001; Miranda, 2005), Marília (Carvalho, 1996; Cruz, 2006), Itapetininga (Nogueira, 1998, pp. 213-20), Santos (Lanna, 1991; Machado, 2007), Rio Claro (Pereira, 2004, 2008; Santos, 2008, 2015; Domingues,

---

16 A respeito das tensões existentes nas relações interpessoais entre negros, de um lado, e fazendeiros e pequenos proprietários rurais, de outro, no município de São Carlos durante a virada do século XIX para o XX, ver Rogério da Palma e Oswaldo Mário Truzzi (2013). Para o clima de intolerância racial contra as pessoas negras nesse período, ver ainda Lúcia Helena Silva (2001), especialmente o primeiro capítulo, intitulado "Após o Treze de Maio: a convivência entre libertos e imigrantes em São Paulo".

Negro no pós-abolição: um sujeito anômico?

2010b), São Carlos (Aguiar, 1998; Ferreira, 2004; Palma, 2014; Oliveira, 2015), Sorocaba e Médio Tietê (Silva, 2005; Cavalheiro, 2010), Franca (Souza, 1991), Piracicaba (Oliveira e Terci, 1989), Araraquara (Tenório, 2006, 2010), "Nordeste Paulista" (Souza, 2010), Ribeirão Preto (Souza, 2007; Santos e Souza, 2010-1), Espírito Santo do Pinhal (Tamaso, 2005), Taubaté (Papali, 2003, pp. 119-220), Presidente Prudente (Guirro e Santos, 2012) e Vale do Paraíba paulista (Papali, 2003; Castilho e Zanetti, 2017) – não sucumbiram às adversidades da vida e procuraram, mediante grandes e pequenas ações cotidianas, fazer valer o direito de "ir e vir" inerente à liberdade. Para tanto, entabularam projetos e meios específicos de vida, redes interpessoais, solidariedades horizontais e verticais, estratégias de sobrevivência (acomodação e resistência); labutaram por inserção e mobilidade sociais; elaboraram e reelaboraram identidades em diálogo entre si e com os demais setores da sociedade; e refregaram pela afirmação dos direitos e da cidadania. O desejo de obter reconhecimento pela sociedade civil e pelo poder público, receber tratamento respeitoso e digno, participar das decisões político-culturais e influenciá-las, cumprindo um papel proativo no destino do estado (e da nação), jamais deixou seus horizontes de expectativas.

Campinas é a cidade do interior paulista cujo protagonismo negro mais tem recebido a atenção dos especialistas, graças provavelmente a sua pujança econômica, representatividade política e importância histórica. Em 1996, Regina Célia Lima Xavier publicou um livro sobre os libertos em Campinas nas últimas décadas do século XIX. Consultando documentos cartoriais, administrativos e da municipalidade, além de fontes de outra natureza, como jornais e livros de memorialistas, a autora reconstituiu partes importantes da vida de Catarino Venâncio de Moraes, Bento Bueno, Delfina de Souza, Maria das Neves e muitos outros homens e mulheres de pele escura. Desvelou como teceram os palpitantes fios que os conduziram à liberdade, como reelaboraram suas vidas e se valeram dos aprendizados do cativeiro. Identificou as alianças que essas pessoas construíram ao se tornarem trabalhadores livres, as negociações estabelecidas com ex-senhores e as redes de solidariedade urdidas dentro e fora de sua comunidade. Na introdução do livro, Lima Xavier adverte que o leitor poderá conhecer libertos bem diferentes daquela imagem de indivíduos que, saídos da escravidão, "não tinham aptidão para o trabalho livre, que eram incapazes de poupar ou acumular riquezas". Ao término da leitura, as palavras de advertência da autora se confirmam. Longe de xucros, tacanhos ou desprovidos de ambição, os protagonistas da obra foram libertos que barganharam "tanto quanto possível, ao fazerem os contratos de liberdade e melhores condições de trabalho"; que também acumularam pecúlio, compraram imóveis, "protegendo-se mutuamente, tentando melhorar suas condições de sobrevivência" (Xavier, 1996, pp. 15-6).

Em 2013, Kleber de Oliveira Amancio trouxe à baila um livro em que também procura recuperar a vida cotidiana de "ex-escravos, ex-libertos e seus descendentes" de Campinas entre a Lei Áurea e as primeiras décadas do século XX. Apoiando-se fundamentalmente em processos judiciais e na imprensa, o autor examina como esses sujeitos foram senhores de seu destino; expõe, a partir de fatos microscópicos e aparentemente banais, como eles interpretavam a própria vida e o mundo a seu redor; apreende, por meio de indícios, estratégias alternativas de vivenciar a liberdade e ter suas cidadanias reconhecidas (Amancio, 2013).

Antes de Kleber Amancio e Regina Xavier, o historiador Cleber da Silva Maciel já havia editado um livro no qual perquire a situação da população negra em Campinas de 1888 a 1926 e explora alguns aspectos de sua vida social e cultural: o sistema de relações raciais, em suas diferentes facetas; as discriminações e os preconceitos contra os libertos e seus descendentes, em diversas magnitudes; e a emergência do movimento associativo das "pessoas de cor", com o despontar de alguns jornais e de dezenas de organizações, cujas "propostas mais duradouras eram as voltadas para a formação cívica, isto é, social, educacional, cultural e esportiva, veiculando atividades como jornalismo, teatro, música, dança e lazer ou mesmo criando programas comuns de assistência, beneficência e filantropia" (Maciel, 1997 [1987], p. 84)[17].

---

17 Sobre o quadro de intolerância racial em Campinas nas primeiras décadas do século XX, ver também Lúcia Helena Silva (2012, pp. 451-9).

Um dos fatos que mais impressionou Regina Pahim Pinto foi a obstinação com que o negro pelejou para semear as condições mínimas ao florescimento de um versátil movimento associativo, por meio de entidades que, para se manter, exigiram de seus membros "um esforço imenso", dada a condição material tão precária da maioria deles. Ao se conhecer o nível de organização e de complexidade que alcançaram entidades como a Frente Negra Brasileira, afirma a autora, "fica-se perplexo [com] como o negro conseguiu levar adiante uma tarefa que parecia além das suas possibilidades" (Pinto, 1993b, p. 338). Pinto tem razão. Apesar de todos os problemas enfrentados, o associativismo afro-paulista notabilizou-se pela capacidade de se fazer e se refazer permanentemente, com perseverança, plasticidade e habilidade na construção de práticas, discursos, representações e utopias emancipatórias.

Ao mesmo tempo, um punhado de indivíduos sentiu a necessidade de se aparelhar com jornais que veiculassem informações sobre a vida, os problemas, os desafios, as aspirações e os ideais da "população de cor". Criados e dirigidos por negros e voltados a suas questões, tendo no horizonte a construção de uma unidade de interesses, esses jornais têm sido uma fonte privilegiada para reconstituir as experiências labirínticas do protagonismo afro-paulista e, do mesmo modo, vêm sendo usados como objeto de pesquisa. O pioneirismo a esse respeito coube a Roger Bastide (1951), com um artigo em que discorria sobre a imprensa negra. No entanto, foi Miriam Nicolau Ferrara quem entabulou um estudo de maior envergadura sobre o assunto. No fim da década de 1970, a autora procedeu a um trabalho sistemático, criterioso e beneditino de levantamento e organização desses jornais. Uma labuta que foi penosa. Como o material não estava catalogado nem fazia parte do acervo dos arquivos públicos, Ferrara teve de contar com a ajuda dos antigos líderes e intelectuais afro-paulistas para reunir, aqui e acolá, exemplares dispersos, até formar as coleções. Nesse "trabalho de campo", ela aproveitou para colher as histórias de vida, os depoimentos e as confidências dos produtores da imprensa negra. Sua tese é de que esses jornais se caracterizaram como "uma imprensa de integração, enquanto veículo de transmissão do pensamento grupal" (Ferrara, 1986, p. 29). Na esteira de Bastide e Ferrara, multiplicaram as pesquisas que versam sobre a imprensa negra, em diferentes momentos, perspectivas e dimensões, da capital e do interior (Moura, 1988; Mitchell, 1991-2; Garcia, 1994; Maués, 1995; Mello, 1999 e 2005; Guimarães, 2003; Domingues, 2004b; Pires, 2006; Santos, 2007; Carvalho, 2009; Pinto, 2010, pp. 103-36; Guirro, 2013).

Negro no pós-abolição: um sujeito anômico?

II.

A agência afro-paulista: os desafios pungentes

Definitivamente, o tema do protagonismo negro veio à baila na produção historiográfica contemporânea. Quais seriam, porém, as lacunas, os impasses, os desafios e as tendências desse novo campo de estudos e pesquisas? A seguir, algumas dessas questões serão apontadas e discutidas concisamente. Um dos desafios é procurar compreender a história da população afro-paulista como integrada à história do estado, e não como algo à parte. São muitos e significativos os casos de atuação de pessoas e grupos desse segmento populacional em São Paulo que podem ser tratados no bojo de acontecimentos e conjunturas mais amplos ou em articulação com eles. Sem a pretensão de esgotar as possibilidades, vejamos três exemplos. Os movimentos republicanos na "terra dos bandeirantes", que teriam tido participação significativa na derrubada da Monarquia em 1889, são em geral associados a pessoas brancas das elites e das classes médias urbanas, mas essa representação ganharia em pluralismo se neles fosse reconhecida a participação dos indivíduos negros, os chamados "republicanos de cor" (Domingues, 2014). A Revolução Constitucionalista, um movimento armado ocorrido no estado de São Paulo entre julho e outubro de 1932, que tinha por objetivos destituir o governo provisório de Getúlio Vargas e convocar uma Assembleia Nacional Constituinte, recebeu ampla adesão da população paulista e intenso engajamento da comunidade negra. O voluntariado, que tanto pegou em armas e foi para as frentes de combate quanto ficou no apoio logístico da retaguarda, era composto de pessoas brancas – nacionais e imigrantes – e "de cor".

Esse segmento populacional cerrou fileiras no Exército Constitucionista e até criou a Legião Negra, uma corporação militar formada quase que exclusivamente por "pessoas de cor"[18]. Os chamados "novos movimentos sociais" – que surgiram em São Paulo no fim da década de 1970 e cumpriram um papel decisivo no processo de anistia, abertura política e transição gradual da ditadura militar para uma democracia civil – contaram com a participação dos afro-paulistas, encampando reivindicações específicas ou gerais (Mitchell, 1985; Andrews, 1995; Rios, 2014, pp. 27-136). Assim, cabe ao pesquisador integrar as experiências desses sujeitos à história do estado, evitando confinar seu protagonismo em nichos acadêmicos.

1 Raça e classe no mundo do trabalho

Uma das lacunas desse novo campo diz respeito à presença negra na história social do trabalho e, em particular, na formação do movimento operário. Em 1998, Silvia Hunold Lara vaticinava que, "apesar do alargamento temático e cronológico", a historiografia sobre o operariado continuava a reproduzir "um antigo silêncio: o novo sujeito que ganhou as páginas dos estudos históricos foi sempre pensado como um ser branco, quase sempre falando uma língua estrangeira. Os negros, egressos do mundo escravista, continuaram ausentes". Segundo Lara, apenas há pouco tempo teriam começado "a surgir estudos que fogem aos paradigmas interpretativos dominantes e que – em alguns casos – chegam a abordar as questões raciais ou a presença negra na análise de situações específicas" (Lara, 1998, pp. 32-3)[19]. Embora tal constatação tenha sido

---

[18] Sobre o engajamento das mulheres e homens negros nas hostes da Revolução Constitucionalista de 1932, inclusive com a formação de um batalhão específico, ver Jeziel de Paula (1998, pp. 164-70), Petrônio Domingues (2003), João Baptista Pereira e Ana Lúcia Valente (2014), Paulo Campos e Jhonatan Uilly (2014) e Paulo Campos (2015).

[19] Em reflexão mais recente, John French somou-se aos esforços dos que visam soldar dois campos de especialização: a história social do trabalho e a história da experiência negra no Brasil. Nas últimas décadas, a historiografia brasileira teria avançado

feita há duas décadas, o desafio continua sendo o de elaborar uma história do trabalho mais inclusiva.

Longe de serem alienados, pré-políticos, anômicos e dependentes de laços paternalistas, muitos dos libertos e da população negra em geral desenvolveram discernimento crítico e senso de cidadania, chegando mesmo a abraçar as hostes sindicais, alguns em papéis mais que simbólicos ou decorativos nesse processo. Maria Lucia Caira Gitahy comenta que, na greve dos trabalhadores da Companhia das Docas de Santos, em 1912, um dos militantes ativos foi Eugênio Wansuit, descrito como "mulato pernóstico", ex-marinheiro da Armada Imperial e um dos principais propagandistas locais da Abolição (Gitahy, 1992, p. 97). Já Rodrigo Rodrigues Tavares (2007) faz alusão a Herculano de Sousa, um negro comunista que liderou a luta dos estivadores santistas no fim da década de 1920. Depois de ser morto pela repressão policial durante um comício de seus correligionários, Herculano de Sousa foi elevado à condição de herói pelo Partido Comunista do Brasil (PCB). Mais tarde, nos anos 1940, outro negro, também membro do PCB, tornou-se grande liderança dos portuários de Santos. Seu nome: Geraldo Rodrigues dos Santos. Geraldão, como era mais conhecido, distinguiu-se pela combatividade e pela capacidade de negociação. Esteve na vanguarda de várias manifestações, campanhas e lutas em favor de sua categoria profissional (Penna, 1997).

"para além das dicotomias simbólicas profundamente enraizadas que unem as palavras 'atrasado' e 'moderno' no Brasil: africano e europeu, brasileiro e imigrante, negro e branco". A dicotomia entre escravo e livre originou-se de um entendimento da escravidão como um "*status* legal de não livre, embora tal definição legal possa frequentemente mostrar-se de relevância duvidosa". Em outras palavras, "livre e não livre são categorias ambíguas na sociedade brasileira, na qual as delimitações não são fixas e os pequenos retrocessos em direção ao estigmatizado *status* de não livre são constantes". Argumentando em favor de uma continuidade entre escravo e não escravo antes da Abolição, bem como entre escravidão e pós-escravidão, o historiador estadunidense questiona "aqueles que justapõem escravos contra assalariados, assim separando africanos de imigrantes europeus e distinguindo radicalmente entre a resistência e as revoltas escravas e as lutas coletivas e greves" (French, 2006, pp. 81, 85 e 95).

A agência afro-paulista: os desafios pungentes

Obviamente, esse processo de participação dos negros na formação da classe trabalhadora não foi linear nem unívoco, porquanto marcado por avanços, recuos, acomodações, conflitos e ambiguidades. Ana Lucia Duarte Lanna faz referência a um episódio no qual Quintino de Lacerda – um famoso liberto sergipano que se tornou chefe do Quilombo do Jabaquara, em Santos – assumiu o papel de dirigente dos "fura-greves". Em 1891, ocorreu uma vultosa greve no porto de Santos. Os trabalhadores paralisados eram em sua maioria imigrantes, particularmente portugueses. Enquanto eles negociavam a pauta de reivindicações com os patrões encastelados na Associação Comercial, Lacerda – então chefe dos trabalhadores das pedreiras do Jabaquara – teria arregimentado "turmas de homens de cor" para fazer o serviço no lugar dos grevistas (Lanna, 1996, p. 194)[20].

O processo de formação da classe trabalhadora foi cruzado por diferentes identidades, articuladas em torno do trabalho ou de outros marcadores, como nacionalidade, raça e gênero. Uassyr de Siqueira estudou algumas associações fundadas por trabalhadores paulistanos entre 1890 e 1920, como os sindicatos e as agremiações recreativas, inclusive as de "homens de cor". Os sindicatos tinham por perspectiva central a luta pela melhoria das condições de trabalho. Já as agremiações recreativas dos

---

20 Maria Helena Machado buscou entender as razões pelas quais Quintino de Lacerda e os ex-quilombolas se passaram por fura-greves: "Morando de favor nas terras de Gaffré e Guinle, trabalhando na pedreira de propriedade desses senhores e devendo favores a seus aliados, Quintino não teve muita escolha. Enclausurados em relações paternalistas e clientelistas e sofrendo um descarte político doloroso, não restaram muitas saídas para os rebeldes do Jabaquara além daquela de se tornarem fura-greves" (Machado, 2007, p. 279). A própria Ana Lucia Lanna já havia argumentado algo parecido: Quintino de Lacerda envolveu-se na política das elites como força mediadora entre elas e as classes trabalhadoras negras. Garantiu, ao menos para alguns, "a permanência nos terrenos ocupados na área do antigo quilombo, fornecendo proteção contra outros grupos de trabalhadores e elites (ainda que sem força suficiente para evitar violentos conflitos de terra). Facilitava o acesso aos diferentes tipos de trabalhadores urbanos. Sua ação não era, no entanto, movida pela benevolência ou pela tentativa de construção de uma possível 'consciência negra'. Tratava-se antes de garantir os espaços de sobrevivência e liberdade" (Lanna, 1996, pp. 195-6). Para uma pesquisa mais recente sobre Quintino de Lacerda, centrada nas duas últimas décadas de sua existência, ver Matheus Pereira (2011).

afro-paulistanos se voltavam principalmente ao lazer: festas, bailes, jogos, convescotes, teatro etc. Em que pesem os objetivos distintos, as concepções diferentes e os conflitos eventuais, essas associações "não eram mutuamente excludentes, apresentando certas práticas e relações que as aproximavam". Examinando o estatuto social da Federação dos Homens de Cor de São Paulo, registrado em 1914, Siqueira constatou que essa associação, além de se empenhar em fortalecer os laços de identidade dos afro-paulistanos, "também se identificava com outras associações dos trabalhadores, organizadas com a finalidade de auxílio mútuo" (Siqueira, 2008, p. 118).

Importa ressaltar que a formação da classe trabalhadora em São Paulo foi complexa, interseccional, dialógica e plural, não sendo desprezível a presença do negro nesse processo. Isso, aliás, é o que vem sendo apurado pela historiografia mais recente. Ao estudar as associações operárias mutualistas e recreativas em Campinas entre 1906 e 1930, Paula Christina Nomelini constatou que ali a figura do negro como trabalhador é "expressiva", razão pela qual a autora entende ser importante "investigar as relações entre as identidades étnicas e classistas" (Nomelini, 2007, p. 21). Cleber Maciel relata o caso de Armando Gomes, um ativista que, em Campinas, dirigia uma associação negra (a União da Juventude), fundara a Liga Humanitária dos Homens de Cor e era sindicalista, vinculado à Sociedade União Operária 1º de Maio. Em março de 1920, ele participou da greve dos ferroviários da Mogiana, "defendendo a causa justa, cumprindo um dever humanitário", mas foi "traiçoeiramente preso sob o artifício de ser um desordeiro e obrigado a cumprir pena [...] em São Paulo". Sua prisão causou indignação no "meio negro". O Centro Humanitário José do Patrocínio, da capital paulista, por exemplo, teria produzido moções de solidariedade a Gomes (Maciel, 1997, pp. 77-8).

Recentemente, o historiador James Woodard apresentou novas informações a respeito dessa liderança negra. Armando Gomes, seu irmão João Pedro e outros brasileiros natos foram soltos da prisão entre 7 e 9 de abril de 1920. Na ocasião, Gomes concedeu uma entrevista para o jornal paulistano *O Combate*, na qual declarou que a detenção se devia ao fato de ser membro da diretoria da associação classista Humanitária Operária e de diversas sociedades de "homens de cor" de Campinas. Ele acreditava que o sucesso dos movimentos grevistas dependia, de uma forma ou de outra, do apoio de elementos não operários e insculpiu a possibilidade de os "homens de cor", organizados coletivamente, somarem-se aos grevistas. A seu ver, existiam várias esferas de lutas para fazer valer os direitos reivindicados – o que leva Woodard a concluir que não existia uma só "estrada de justiça e liberdade". Eram "múltiplos os caminhos rumo à justiça e liberdade a serem percorridos pelos afrodescendentes campineiros" (Woodard, 2018, p. 174).

A existência de afro-paulistas que militavam, simultaneamente, em organizações negras e sindicais denota que nem sempre as identidades de "raça" e "classe" foram construídas de maneira dicotômica ou binária, mas antes elas coexistiam, entrecruzavam-se e justapunham-se. O desafio da historiografia é, portanto, entender como esses indivíduos articularam, dinamicamente, uma consciência "negra" e "operária"[21].

2 "Homens de cor" nas instituições políticas

Dessa mesma perspectiva, é de bom alvitre sondar o protagonismo negro na vida política institucionalizada de São Paulo. Não basta proclamar que esse segmento populacional ficou alijado do poder no pós-abolição. Essa é parte, mas não toda a história que pode – e mesmo deve – ser contada. Ainda que enfrentando uma série de obstáculos, os afro-paulistas se enfronharam ora na "pequena", ora na "grande" política, e, muitas vezes sem

---

21 Cleber Maciel levanta a hipótese de que o processo de organização da população negra para a consecução de seus objetivos sociais, econômicos e políticos, embora não estivesse atrelado diretamente aos movimentos reivindicatórios dos trabalhadores, "é afetado pelas condições gerais de avanços e recursos destes últimos. Isso quer dizer: à medida que o ascenso e refluxo do movimento de massas se faz sentir, dadas as condições históricas, a população negra responde a tais condições. Assim, o período de 1888 a 1926 surge, em Campinas, como época em que as condições históricas objetivas acusam participação representativa de reivindicações específicas, de caráter racial, no interior das mobilizações gerais das lutas populares" (Maciel, 1997, p. 28).

respeitar lealdades raciais, mobilizaram diversos recursos para intervir no debate da agenda estadual e nacional, bem como lançaram mão de múltiplos canais de pressão para resolver problemas específicos e questões gerais (Andrews, 1991; Domingues, 2007b e 2011; Alberto, 2011).

Oracy Nogueira (1992) acompanhou a impressionante carreira política do médico negro Alfredo Casemiro da Rocha (1856-1933), da cidade de Cunha, que foi deputado estadual, deputado federal e senador durante a Primeira República (1889-1930). No que concerne à política local, Flávia Alessandra Pereira (2004), em sua dissertação de mestrado, alinhavou e buscou concatenar algumas pistas para a reflexão acerca do protagonismo negro na política de Rio Claro, desde a Segunda República até a década de 1990[22]. Em obra que estuda a participação dos negros nas eleições paulistas de 1982, Ana Lúcia Valente traz à tona a história de Adalberto Camargo, um afro-paulista que, em 1966, foi eleito deputado federal pelo Movimento Democrático Brasileiro (MDB) com aproximadamente 17,5 mil votos. De acordo com Camargo, sua campanha daquele ano foi realizada apenas no "meio negro" (Valente, 1986). Se encontrar lastro nos fatos, essa informação sugere que os afro-paulistas articularam (ou intentaram articular) o voto racial[23].

---

22 Na tese de doutorado, Flávia Pereira recuou um pouco no tempo, debruçando-se sobre a relação do associativismo negro em Rio Claro com o poder local em suas demandas específicas de raça. Quando aborda o Centro Cívico Luiz Gama, na década de 1930, a autora nota que a agremiação articulou uma política clientelista, de "troca de favores" com caciques políticos de Rio Claro, particularmente com Humberto Cartolano. Este "ofereceu aos negros rioclarenses tanto um espaço na imprensa local quanto um espaço físico para a estruturação da sede da organização (o prédio Glória Rink, onde foi instalado o Luiz Gama, era de propriedade de Cartolano). Já os clientes negros, por sua vez, tinham o voto como moeda de troca nessa relação" (Pereira, 2008, p. 114). A pesquisadora sublinha que, embora esse sistema de trocas envolvesse atores em condições desiguais de poder, sua existência permite depreender que os negros participaram ativamente do complexo jogo político no interior paulista. A respeito do associativismo em Rio Claro nas primeiras décadas do século XX, ver ainda Petrônio Domingues (2010b).

23 Conforme frisa Ana Lúcia Valente, "o fato de [Adalberto Camargo] ter sido reeleito em 1970, 1974 e 1978, cumprindo, então, quatro mandatos como deputado federal,

A agência afro-paulista: os desafios pungentes

Já Ivair Augusto Alves dos Santos (2007) incursionou pela relação do movimento negro com o Estado nos anos 1980, focado na experiência do Conselho de Participação e Desenvolvimento da Comunidade Negra. Em seu livro, Santos faz menção a Esmeraldo Tarquínio, "uma das mais expressivas lideranças políticas negras surgidas nesse século [XX]" (Santos, 2007, p. 59). O autor talvez exagere no superlativo, porém se deve ressalvar que Esmeraldo Tarquínio é um afro-paulista com história e talentos políticos ainda pouco conhecidos do grande público. Celso Fontana publicou um opúsculo em homenagem a esse e a outros políticos negros que exerceram mandato de deputado estadual na Assembleia Legislativa; como é comum em trabalhos dessa natureza, entretanto, o autor emprega uma narrativa laudatória, copiosamente descritiva e timidamente documentada (Fontana, 2007).

Uma pesquisa mais consistente sobre a trajetória pessoal e política de Tarquínio, o "único negro eleito prefeito em Santos, cassado pela ditadura antes da posse", resultou no livro do jornalista Rafael Motta (2012). Filho do cronista esportivo Tarquínio de Campos e da professora de piano e de corte e costura Iraci dos Santos Moura, Esmeraldo Soares Tarquínio de Campos nasceu em São Vicente, em 1927. Ainda muito jovem, perdeu o pai. Alfabetizado pela mãe, arrumou seu primeiro emprego como aprendiz de marceneiro. Com cerca de 10 anos, trabalhou como contínuo no *Jornal da Noite*, em Santos, cidade litorânea onde a família acabou se radicando. Ainda na menoridade, trabalhou como mensageiro, *office boy*, vendedor e entregador de livros, até exercer uma atividade que o ajudaria de maneira fundamental no sustento da família: o despacho aduaneiro – verificação de dados fornecidos pelo exportador ou importador a respeito das mercadorias comercializadas.

Mal entrou na vida adulta, Tarquínio filiou-se a um partido político. Conciliava sua atividade profissional com a vida estudantil e com

---

com uma votação ascendente, exceção feita ao ano de 1978, parece demonstrar que os negros depositavam sobre sua eleição grande esperança. Isso porque, supostamente, feita uma representação negra no nível da política partidária, as reivindicações dos negros poderiam ser mais facilmente atendidas" (Valente, 1986, p. 31).

apresentações musicais, como cantor que animava a noite santista. Formou-se bacharel em ciências jurídicas e sociais, em 1955, passando a exercer a advocacia. Carismático, tornou-se uma figura pública na cidade, o que o credenciou à carreira política. Em 1959, aos 32 anos, Tarquínio foi eleito vereador, pelo Partido Socialista Brasileiro (PSB). Três anos depois, elegeu-se deputado estadual, pelo Movimento Trabalhista Renovador (MTR), uma agremiação partidária de orientação nacional-populista. Ainda no primeiro ano como deputado estadual, Tarquínio tinha em mente o desejo de ser prefeito de Santos. Candidatou-se ao cargo em 1964, ficando em segundo lugar, com votação considerada surpreendente. Isso o motivou a querer concorrer novamente à Prefeitura. Antes, porém, reelegeu-se deputado estadual, consagrando-se como importante liderança política do estado.

Em 15 de novembro de 1968, Tarquínio venceu as eleições para o executivo municipal de Santos. Sua eleição era mais do que a vitória de um político popular e com trânsito em todas as camadas sociais. Culto, inteligente, de excelente memória e capaz de se indignar sem ofender o adversário, representava o não de Santos ao golpe de 1964, cujas consequências foram desastrosas para a economia da cidade. Era, pois, a eleição de um opositor ao regime militar. E negro, numa sociedade marcada pelo racismo.

Um episódio que ocorreu em junho de 1965 ilustra bem isso. O então deputado estadual Tarquínio havia sido convidado a participar de um almoço na Associação dos Reservistas Veteranos da Fortaleza de Itaipu, em Praia Grande. Tendo recebido a oportunidade de proferir um discurso, não titubeou: fez críticas ao Exército. Classificou-o de antidemocrático, racista, partidário de interesses estrangeiros e defensor do alto custo de vida. Disse que tinha se "agasalhado atrás de saias", em alusão à significativa participação feminina nas marchas da Família com Deus pela Liberdade pouco anteriores ao golpe de 1964. Incentivado por colegas a responder ao ataque, o tenente-coronel Rubens Fleury Varela – que era justamente o comandante do 6º Grupo de Artilharia de Costa Motorizado, instalado no Forte de Itaipu – bradou: "Negro subversivo! Vai para a Rússia limpar latrina, que é o teu lugar!" (Motta, 2012, p. 101).

A agência afro-paulista: os desafios pungentes

Tarquínio ia rebater os insultos. Talvez tenha se lembrado de outra ocasião, em que, à beira do cais, fora provocado por um militar da Polícia Marítima, órgão federal de vigilância das atividades no porto. Chamado de "negro safado", respondeu: "Negro, sim. Safado, nunca". Era conciliador e aceitava discutir com quem tinha visões ideológicas diferentes, mas não temia o confronto, quando necessário. No momento em que se encaminhava para responder às ofensas do comandante Varela, foi contido por amigos, que o agarraram pelos braços, tentando impedir que falasse – como os militares presentes ao almoço estavam armados, temiam que acontecesse uma chacina (Motta, 2012, p. 101).

Ele sabia que enfrentaria sérias dificuldades para chegar ileso a 14 de abril de 1969, dia da posse como prefeito. Afinal, a eleição de um negro, antípoda do regime militar e com ideias progressistas, encaixava-se no rol dos "atos nitidamente subversivos" e "fatos perturbadores da ordem" que os partidários da ditadura pretendiam eliminar. No dia 13 de março de 1969 o Conselho de Segurança Nacional – órgão responsável pela depuração política e por medidas de exceção do regime militar – reuniu-se e resolveu suspender, por dez anos, os direitos políticos de Tarquínio e cassar seu mandato eletivo estadual (Motta, 2012, p. 138 e 151).

Com a cassação, o primeiro negro eleito prefeito de Santos foi impedido de tomar posse. Em seu lugar, o general presidente Costa e Silva nomeou um interventor militar para administrar o município. Tarquínio foi amordaçado. Não tinha onde se expressar. Estava impedido de falar sobre política e de manifestar apoio aberto a quem fosse. Estava sem fonte de renda fixa e com escassos clientes – pois carregava o estigma da cassação e precisava cobrar honorários na íntegra, diferentemente de quando conciliava a advocacia com o mandato de deputado estadual. Mesmo sem dizer uma palavra sobre política, autoridades ficaram no seu encalço. Chegou a ser preso. Não foi agredido, mas ficou três ou quatro dias detido na Fortaleza de Itaipu, em Praia Grande, onde fora chamado de "negro subversivo". Manifestações de insatisfação com o regime fizeram o general presidente Ernesto Geisel planejar a abertura política. Era lenta, mas não tão segura: a censura aos meios de comunicação, o tolhimento às liberdades democráticas, as torturas, os desaparecimentos e as cassações continuavam.

Enquanto isso, Tarquínio envelhecia. Em março de 1979, ele recuperou seus direitos políticos. Dois meses depois, voltou à Assembleia Legislativa, após dez anos de ausência forçada. Recebeu convite da deputada estadual do MDB Theodosina Rosário Ribeiro – única mulher negra a exercer o cargo na ocasião – para proferir um discurso alusivo à abolição da escravidão, numa solenidade realizada em 13 de maio. Discursou contra a discriminação racial e pela integração dos brasileiros. Tornou-se, enfim, destacado na comunidade negra.

Tarquínio candidatou-se a deputado estadual. Disputaria as eleições de 15 de novembro de 1982, porém não teve condições de passar pelo teste das urnas, já que cerca de um mês antes teve um acidente vascular cerebral e faleceu. O caixão com o corpo de Tarquínio foi velado no ginásio Athié Jorge Coury, no estádio Urbano Caldeira – a popular Vila Belmiro, do Santos Futebol Clube. A notícia de sua morte já havia corrido a cidade. Longas filas se formaram para o último adeus a um dos mais populares políticos da cidade de Santos. Pessoas choravam e prometiam votar nele, mesmo morto, como protesto. Alda Terezinha Camargo, a viúva, não ficou até o fim: teve uma crise de choro e, dali, foi levada para casa. Os filhos, Esmeraldo e Deborah, estavam misturados na multidão. À tarde o caixão foi fechado. Sobre o esquife jazia uma bandeira do Santos, cujo conselho deliberativo Tarquínio havia presidido até o ano anterior. O corpo foi levado a um caminhão do Corpo de Bombeiros, acompanhado de uma multidão incalculável. O cortejo fúnebre dirigiu-se ao Cemitério do Paquetá, onde o caixão desceu à sepultura e ramalhetes foram lançados. O presidente da Ordem dos Advogados do Brasil (OAB) em Santos, Sérgio Sérvulo da Cunha, fez a homenagem final, no cemitério (Motta, 2012, p. 211).

3 Ativistas e intelectuais negros nas associações e nos jornais

Um tema a ser aprofundado é o do envolvimento das pessoas negras em suas associações e seus jornais. Nos primeiros meses que sucederam a Lei Áurea, a atuação da Guarda Negra foi um dos episódios mais controvertidos e obliterados pelo imaginário político. Segundo Maria Lúcia de Souza Ricci, tratava-se de uma organização composta de ex-escravos que, agradecidos à princesa Isabel e à Monarquia pela conquista da "libertação" em 13 de maio, repudiavam a República, em especial as manifestações do Partido Republicano. Estruturada no Rio de Janeiro no segundo semestre de 1888, teria sido inspirada e envergada por José do Patrocínio e permaneceu em franca atividade até ao menos a proclamação da República. De início funcionava no centro da cidade – rua da Carioca, número 77 –, contando com mais ou menos trezentos afiliados. Em seguida transferiu-se para a rua Senhor dos Passos, número 165, local onde foi fundada a Sociedade Beneficente Isabel, a Redentora. Do Rio de Janeiro, a organização multiplicou rapidamente seu número de afiliados e se disseminou por São Paulo e outras cidades do país. O livro de Maria Lúcia Ricci tem relevância por ser o primeiro escrito exclusivamente sobre a Guarda Negra[24], mas sua análise fica prejudicada por uma abordagem esquemática e pouco anuançada – em momentos de arroubo, a autora (des)qualifica a "corporação" de "degradante" e seus adeptos de "fanáticos", uma "massa negra" que, indefesa e alienada, foi manipulada por uma "especulação criminosa" (Ricci, 1990, pp. 109-11).

Antes e depois de Ricci, a Guarda Negra foi tematizada por Michael Trochim (1988), Flávio dos Santos Gomes (1991), Carlos Eugênio Soares (1999, 2008), Humberto Fernandes Machado (2013) e Clícea Maria de Miranda (2015), a partir de renovados vieses interpretativos. São trabalhos competentes; não obstante, privilegiam a incidência da organização no Rio de Janeiro. E em São Paulo, qual foi o perfil, se não a trajetória, da Guarda Negra? Quem eram seus ativistas e simpatizantes? Quais eram os diferentes sentidos e significados que eles impingiram a suas ações? Como eram constituídas suas representações (artefatos simbólicos, códigos ritualísticos e aspectos místicos)[25]? Quais eram seus métodos retóricos,

---

24 Em 2009, foi publicado outro livro dedicado integralmente à Guarda Negra (Mattos, 2009).

25 Na opinião de Osvaldo Orico – o biógrafo de José do Patrocínio –, a Guarda Negra obedecia "a compromissos solenes e graves rituais, o que lhe dava aparência de

de cooptação, estruturação e luta? A organização teria alcançado penetração em todo o estado? Que alianças, conexões e diálogos ela travou com os segmentos das sociedades civil e política? O trabalho de Lilia Moritz Schwarcz (1987, pp. 240-5) apresenta algumas respostas incipientes e fragmentadas, conquanto muitos aspectos da Guarda Negra paulista ainda precisem ser elucidados.

No tocante ao associativismo dos "homens de cor", a maior parte dos pesquisadores volta o olhar para as primeiras décadas do século XX. Há, assim, certa inflação de relatos sobre a Frente Negra Brasileira, por exemplo (Butler, 1992; Cardoso, 1993; Silva, 1998; Pires, 2006; Oliveira, 2008; Lucindo, 2013). Quando não, os trabalhos se concentram no intervalo de tempo que se estende do fim da década de 1970 até a fase contemporânea, privilegiando, nesse caso, os domínios do Movimento Negro Unificado (MNU) e suas lideranças (Moura, 1980; Nascimento, 1989; Reginaldo, 1995; Mendonça, 1996; Covin, 2006; Silva, 2007; Paulo, 2008; Luiza Júnior, 2008; Santos, 2016). E os demais personagens e grupos que existiram nessas e noutras épocas? Suas histórias não podem ser negligenciadas. É mister, particularmente, promover mais estudos sobre o protagonismo negro nas duas décadas seguintes à extinção do cativeiro, bem como durante o interregno da Segunda República (1945-64).

É verdade que, ultimamente, esse quadro tem apresentado sinais de mudanças. Algumas pesquisas têm tirado da sombra novos personagens, vozes, agrupamentos, recortes cronológicos e eventos. Um exemplo disso é

Maçonaria Negra; as sessões eram rigorosamente secretas, os iniciados contraíam juramentos sagrados, entre os quais os de guardar absoluto sigilo sobre as deliberações da casa. A violação dos segredos podia acarretar até a pena de morte. [...] Ao entrar para a milícia, cada um deles, de joelhos e com a mão sobre os Evangelhos, fazia o seguinte juramento: 'Pelo sangue de minhas veias, pela felicidade dos meus filhos, pela honra de minha mãe e a pureza de minhas irmãs, e, sobretudo, por este Cristo, que tem séculos, juro defender o trono de Isabel, a Redentora. Em qualquer parte que os meus irmãos me encontrarem, digam apenas 'Isabel, a Redentora', porque essas palavras obrigar-me-ão a esquecer a família e a tudo o que me é caro'" (Orico, 1931, p. 203). Como é possível notar, a pesquisa de Orico traça um esboço da ritualística da Guarda Negra, mas, como não apresenta documentos comprobatórios das informações, tal relato torna-se de confiabilidade duvidosa.

A agência afro-paulista: os desafios pungentes

a tese de doutorado de Ana Flávia Magalhães Pinto, que, entre outras questões, aborda aspectos da vida e do pensamento de Ignácio de Araújo Lima, Arthur Carlos e Theophilo Dias de Castro. Essas lideranças negras se envolveram com a edição de ao menos um de dois jornais negros publicados na cidade de São Paulo no fim do século XIX: *A Pátria*, de 1889, e *O Progresso*, de 1899. Segundo a autora, esses "homens livres de cor" buscaram atuar na esfera pública, participando do debate sobre questões de raça e cidadania e sobre projetos de nação. Contrapondo-se às práticas do "preconceito de cor", eles preconizaram a criação de mecanismos de inserção social e de canais de diálogo, resistência, negociação e conflito perante os demais setores da sociedade. Apostaram, desse modo, na publicação de gazetas cujo mote era a defesa da cidadania negra, dando mostra de seu acentuado interesse pelos rumos da República e da política nacional (Pinto, 2014, pp. 231-66).

Já um exemplo dos recentes estudos sobre o protagonismo afro-paulista no período da Segunda República é *Estilo avatar*, livro em que sigo no encalço dos percalços da vida de Nestor Macedo. Macedo foi fundador e principal dirigente da Ala Negra Progressista, uma organização de base racial nascida na cidade de São Paulo em 1948 que sobreviveu até a década de 1960. Era uma liderança controvertida, cujas ações por vezes viraram caso de polícia política e foram parar no Dops. Afora polemista, ele era popular – daí seu epíteto "Rei dos bailes populares" – e assecla de Adhemar de Barros, um dos mais notáveis políticos populistas de São Paulo no pós-Segunda Guerra. A partir das venturas e desventuras de um sujeito que participou ativamente do complexo jogo democrático da Segunda República, o estudo procura sinalizar, por um lado, a versatilidade da população negra, que estabeleceu alianças e negociações com várias forças políticas; por outro, busca indicar como o populismo se aproximou desse segmento populacional sem exigir que ele abdicasse de suas demandas e reivindicações no campo dos direitos e da cidadania (Domingues, 2018a)[26].

---

[26] A respeito de outras pesquisas centradas no protagonismo afro-paulista no decurso da Segunda República, conferir Mário Augusto da Silva (2012a, 2013), Edilza Correia Sotero (2015, 2016) e Petrônio Domingues (2018b).

Quanto aos órgãos da imprensa negra, também são necessárias mais pesquisas que investiguem além das primeiras décadas da era republicana. Seriam igualmente interessantes trabalhos dedicados a temas específicos – como o de Ruan Levy Reis (2017) sobre a produção literária estampada nos periódicos, o de Maria Aparecida Lopes (2002) relativo ao "embelezamento" do corpo negro, os de Petrônio Domingues (2015) e de Bruno Otávio Abrahão e Antonio Jorge Soares (2012) acerca do futebol ou os de Carlos Antonio dos Reis (2016) e de Rael Fiszon dos Santos (2012) a respeito das "representações da África na imprensa negra paulista". Também são recomendáveis investigações concentradas na coleção de um único jornal, em vez de se optar por uma série ampla reunindo diferentes periódicos. Exemplos disso são os estudos de Rodrigo Miranda (2005), José Geraldo Marques (2008) e José Roberto Gonçalves (2012) acerca do *Getulino* (1923-26), o de Flávio Thales Ribeiro Francisco (2010) sobre *O Clarim da Alvorada* (1924-32) e o de Ubirajara Damaceno da Motta (1986), focado na história do *Jornegro* (1978-81).

4 Os clubes e bailes *black*

No dia 13 de maio de 1911, foi fundado na cidade de Itapetininga o Clube Recreativo 13 de Maio. Era uma associação composta de pessoas de ambos os sexos, sem distinção de nacionalidade ou cor, que tinha por finalidade principal comemorar, todos os anos, o "glorioso dia que deu nome à associação" e proporcionar aos seus associados diversões (jogos e bailes), bem como a leitura de jornais, revistas e livros. Dos vinte sócios fundadores, catorze foram identificados como pretos, cinco como mulatos e um como branco ou "acaboclado". Quanto às ocupações, o grupo reunia quatro carpinteiros, dois carroceiros, três pedreiros, três proprietários de sítio ou casa, um servente da Câmara Municipal, um porteiro de grupo escolar, duas cozinheiras, uma dona de casa, um trabalhador avulso e uma engomadeira, além de um sócio cuja ocupação não foi possível identificar. Pelo menos dois dos vinte fundadores eram "pretos africanos".

De acordo com Oracy Nogueira, a criação do Clube Recreativo 13 de Maio constitui o "primeiro empreendimento coletivo da gente de cor, no âmbito local, de iniciativa própria, sem o patrocínio ou a interferência da gente branca". A disposição com que se empenharam os "elementos de cor" na iniciativa de criar o "seu clube" mostra o "poder da motivação que neles atuava no sentido de adotar as formas de divertimento de salão que por tanto tempo lhes permaneceram inacessíveis, como atividades privativas da classe dominante". O Clube 13 de Maio teria se convertido no "quartel-general" das atividades recreativas dos negros da cidade. Apresentava-se não apenas como o espaço em que se realizavam os bailes com regularidade, mas também como "ponto de reunião e ensaio dos congos, da Banda do Rosário e do cordão carnavalesco dos pretos, local em que se guardariam o estandarte e outros objetos da Irmandade de Nossa Senhora do Rosário e de onde esta sairia, incorporada, para as procissões". Em 1948, a sede do clube foi remodelada, com a ampliação do salão de danças e a construção de novas acomodações (Nogueira, 1998, pp. 213 e 216-7).

Os clubes e os bailes dos afro-paulistas também requerem maior atenção dos estudiosos. Os clubes negros eram instituições informais que emergiram ou ganharam impulso com o fim do cativeiro. É inegável sua importância – como espaço de sociabilidade, de troca de experiências, de (re)definição de identidades, de atualização das tradições, de produção de símbolos culturais afro-diaspóricos e de lazer. Mas qual é a trajetória desses clubes em São Paulo? Como eles se estruturavam, mantinham sede, arregimentavam seu quadro de associados, estabeleciam regras estatutárias e dialogavam entre si? Quais eram os ideais, os discursos, os referenciais e os projetos em disputa? Quais eram as atividades desenvolvidas ou fomentadas? Quais eram os significados, os sentidos e o papel dessas instituições no interior da comunidade negra? São muitas as perguntas e poucas as respostas consistentes e sancionadas por especialistas.

Maria Angela Salvadori publicou em 2013 um artigo sobre o Clube Beneficente, Cultural e Recreativo Jundiaiense 28 de Setembro, fundado na cidade de Jundiaí em 1897. Trata-se, segundo a autora, do mais antigo clube negro de São Paulo e um dos mais longevos do Brasil, estando ainda hoje em atividade. Sua trajetória, entretanto, é pouco conhecida, especialmente no que se refere às décadas iniciais do século XX. Tomando como fontes principais as atas de reunião da diretoria do clube, Salvadori confere atenção especial às iniciativas educacionais e escolares empreendidas nesse período (Salvadori, 2013). Recentemente, Mário Augusto da Silva apresentou novas notas históricas e sociológicas do Clube 28 de Setembro, e recuperou aspectos da trajetória da Sociedade Beneficente 13 de Maio (1901), de Piracicaba; do Grêmio Recreativo Familiar Flor de Maio (1928), de São Carlos; do Clube Recreativo e Beneficente 13 de Maio (1934), de Bragança Paulista; do Centro Cultural e Recreativo Benedito Carlos Machado (1945), de Campinas; e da Sociedade Cultural e Beneficente 28 de Setembro (1945), de Sorocaba (Silva, 2018b).

Com algumas exceções (Oliveira e Terci, 1989; Silva, 1997; Nogueira, 1998, pp. 213-20; Aguiar, 1998 e 2007; Soares, 2004; Domingues, 2004a; Souza, 2007), faltam pesquisas ou maior aprofundamento sobre o Clube das Margaridas, o Grêmio Recreativo Kosmos, o Clube 13 de Maio dos Homens Pretos, o Grêmio Recreativo Elite da Liberdade, o Clube 220, o Clube Negro de Cultura Social, o Clube Coimbra, o Aristocrata Clube e dezenas de outras associações recreativas de negros que brotaram na capital e em várias cidades de interior paulista[27]. O que dizer então dos bailes negros?

Em 1956, Renato Jardim Moreira escreveu no primeiro parágrafo de um artigo sobre o assunto: "Foi através de reuniões dançantes que apareceu um certo meio social negro" (Moreira, 1956, p. 274). Exageros à parte, o sociólogo paulista advertia para o significado dos bailes na vida dos negros. Cansados da marginalização, estes teriam formado um "mundo" próprio onde a convivência social, além de facilitar a satisfação de necessidades básicas, contribuía para aliviar as tensões a que estavam submetidos na sociedade geral. E esse "mundo se plasmou graças à potencialidade integradora do baile", que, pela natureza das "relações primárias que se desenvolvem entre

---

27 Em um pedido de tombamento dos clubes sociais negros paulistas protocolado na Secretaria de Cultura do estado – que levou ao processo aberto pelo Conselho de Defesa do Patrimônio Histórico, Arqueológico, Artístico e Turístico do Estado de São Paulo (Condephaat) em 2014 –, identificava-se a existência de 22 clubes em 21 cidades no estado de São Paulo. Nem todos estão ativos hoje (Silva, 2018b, p. 305). Trata-se de uma estimativa preliminar e incompleta diante das múltiplas experiências de agremiações negras dessa natureza no período republicano.

seus participantes e pela própria natureza da dança de casal, possibilita ou encaminha para a satisfação de algumas necessidades biológicas, psíquicas e sociais básicas" (Moreira, 1956, p. 274). Jardim Moreira identificou três tipos de bailes: os de "clube", o "público" e os das "casas particulares". Os primeiros eram realizados em clubes negros e reuniam os sócios e suas famílias: homens e mulheres bem vestidos, de "maneiras delicadas e finas", que, ao som de uma orquestra, dançavam elegantemente pelo salão. Já o baile público, em oposição ao baile de clube, era aberto a qualquer pessoa que se dispusesse a pagar um ingresso, comprar um convite ou fazer uma determinada consumação obrigatória. E os bailes das "casas particulares" eram reuniões em residências de membros da comunidade negra por ocasião de casamentos, aniversários e batizados.

Décadas mais tarde, o jornalista Fernando Conceição escreveu (1995-6) sobre o baile do Sambarylove, casa noturna paulistana frequentada pela comunidade negra. Em 2009, a antropóloga Maria Angélica Motta-Maués lavrou algumas notas sobre os bailes de negros em Campinas, nas décadas de 1950 e 1960 (Motta-Maués, 2009)[28]. E, em 2010, a socióloga Valquíria Pereira Tenório defendeu tese sobre o Baile do Carmo, a mais glamorosa reunião social dos afro-araraquarenses (Tenório, 2010). Em 17 de fevereiro de 1924, um articulista que se apresentava pelo pseudônimo Montezuma escreveu na primeira página do jornal *Elite*, da imprensa negra paulista:

---

28 Consultando o *Hífen*, jornal da imprensa negra de Campinas da década de 1960, Maria Angélica Motta-Maués ficou atônita com a "representatividade numérica das festas dançantes – classificadas ali nas categorias festas, saraus e bailes –, as quais, segundo as notícias, realizavam-se semanalmente (saraus dançantes), ou mensalmente, ou em datas e quadras comemorativas (Carnaval, Dia do Trabalhador, Dia da Abolição, Dia 'da Mãe', Quadra Junina, Natal, Ano-Novo, Aniversário do Clube etc.). Essas reuniões festivas tinham lugar nos salões e eram patrocinadas por dois grandes clubes negros campineiros: o Clube Nove de Julho e o Elo Clube, e reuniam a 'melhor sociedade campineira'. Elas contavam ainda, muitas vezes, com a participação (sempre noticiada) de 'caravanas' vindas de outras cidades do 'interior paulista' – organizadas por representantes de entidades, clubes e jornais da gente negra de cada uma delas – e também da gente da capital que desfrutava, na ocasião, de uma temporada na 'Princesa do Oeste', designativo elogioso usado para a cidade de Campinas" (Motta-Maués, 2009, p. 710).

Dentre todos os divertimentos, o que mais nos proporciona prazeres verdadeiros é, sem dúvida, o baile. Pudera. Quer divertimento que mais sacie a gente que este? Quer, enfim, divertimento mais "gostoso" que este? Não pode haver. O baile floreia os caminhos espinhosos da vida.[29]

Apesar de sua inconteste importância, os bailes dos negros não têm comparecido nas agendas de pesquisas dos historiadores. Quando muito, aparecem subsumidos às festas, as quais ocupavam boa parte do tempo, do empenho, da sensibilidade, da energia e dos recursos dos afro-paulistas (Lucindo, 2016; Domingues, 2018c).

5 As irmandades dos "homens pretos"

A atuação nas irmandades negras é outro assunto que demanda maior investigação. Em 2014, Alicia Monroe defendeu tese de doutorado sobre as irmandades e as associações leigas negras em São Paulo de 1850 a 1920. Partindo do pressuposto de que as irmandades funcionavam como sociedades devocionais de ajuda mútua que conectavam africanos e negros nascidos em São Paulo em redes de solidariedade e união para além dos laços familiares, a historiadora estadunidense examinou as motivações, o *éthos* e os valores sociais que regiam os padrões de interação entre aqueles que participavam de uma vida associativa em espaços institucionais de pertencimento à Igreja Católica e à sociedade civil mais ampla. As associações religiosas e leigas negras teriam se tornado locais fulcrais de socialização, em que as identidades negras podiam ser imaginadas e articuladas no sentido de apoiar as aspirações de autonomia e inclusão social (Monroe, 2014).

Como, então, os afro-paulistas se apropriaram do devotamento católico, fazendo dele um instrumento para afirmar seus direitos e suas expectativas de cidadania? Para uma resposta *strictu sensu* a essa indagação, convém acompanhar o percurso da Irmandade de Nossa Senhora do

---

29 *Elite*, São Paulo, 17 fev. 1924, p. 1.

Rosário dos Homens Pretos da capital. Sua origem remonta aos tempos coloniais. Mais tarde, os "pretos" e os "escravos" construíram na então rua do Rosário uma igreja, um pequeno cemitério e alguns casebres que passaram a abrigar casais de libertos, que se dedicavam a um modesto comércio (Quintão, 2002)[30]. Com o crescimento da área central da cidade de São Paulo, a localização dessas edificações (atual praça Antônio Prado) valorizou-se, tornando-se objeto de especulações imobiliárias. Como resultado, a administração pública resolveu expropriar o conjunto no início do século XX. Despejou os "homens de cor" e pôs abaixo suas construções e a igreja, cedendo, em troca, um terreno bem menor que o antigo, no largo do Paissandu. Todavia, determinou que a nova edificação não poderia conter construções outras senão as dedicadas ao culto. Esse episódio demonstra como a população negra ficou vulnerável às arbitrariedades do poder público. Mas será que foi o único episódio dessa natureza[31]? Faltam pesquisas sobre a história da Irmandade de Nossa Senhora

---

30 Por ocasião dos eventos solenes do calendário católico e da coroação dos reis do Congo, ocorriam festejos populares em frente à igreja de Nossa Senhora do Rosário. Contando com a presença de muitos africanos, esses "batuques" eram regados a muita música e dança (Moraes, 1995, p. 87). As mulheres costumavam adornar-se de rodilha de pano branco na cabeça, pulseiras nos braços e rosário de contas ao pescoço. Quando dançavam em parceria, elas pegavam o vestido e faziam vibrantes requebrados, o que arrancava da assistência uma salva de palmas. Os "pretos" e "escravos" também participavam das animadas festas do rei e da rainha do Congo, tocando instrumentos musicais, cantando ou simplesmente apreciando e acompanhando a corte, composta de grande número de titulares e de damas, que se apresentavam bem vestidos. No período pós-escravista, as chamadas congadas continuam vivas no estado de São Paulo, sendo uma manifestação afro-diaspórica praticada nas celebrações de santos católicos, no 13 de Maio etc. Embora tenham passado por várias retraduções, amalgamações e bricolagens culturais em solo paulista ao longo do tempo, elas "conservam elementos africanos como o ritmo, os passos coreografados, as letras das músicas, a evocação de batalhas tribais e diversos símbolos que, apesar de terem sido transformados, remetem às suas raízes, remetem ao tempo de origem" (Silva, 2009, pp. 28-9). Sobre a congada em São Paulo, ver Florestan Fernandes (1972), Elsie Girardelli (1978) e Valdir Pfeifer da Silva (2009).

31 Sabe-se que, no início da década de 1940, o prefeito paulistano Francisco Prestes Maia pleiteou a demolição da Igreja Nossa Senhora do Rosário dos Homens Pretos, no largo do Paissandu, sob o álibi de que esse logradouro público devia "passar por

do Rosário dos Homens Pretos durante o período republicano. O único livro sobre o assunto é o de Raul Joviano do Amaral, que, consistindo em uma compilação de informações documentais sobre essa sociedade devocional, carece de análise histórica mais acurada. Como o próprio autor admite na introdução à segunda edição da obra, seu objetivo foi registrar os fatos limitando-se ao plano descritivo e às transcrições documentais (Amaral, 1991)[32].

6 Que "negro" é esse na cultura popular?

Aferir como se deu o protagonismo afro-paulista nas manifestações da cultura popular: eis outra questão de relevância histórica. Em 1937, Mário de Andrade escreveu um artigo sobre o "samba rural". Deixando de lado a ideia do samba carioca como modelo nacional, ele demonstrou que esse gênero artístico-musical assumiu feições próprias no estado de São Paulo (Andrade, 1937)[33]. Tempos depois, Wilson Rodrigues de Moraes publicou um livro

---

grandes reformas, de modo a adaptar-se não só à transformação urbanística, a que São Paulo estava sendo submetida, mas, ainda, à edificação do monumento ao Duque de Caxias". Todavia, os tempos eram outros – e as pessoas também. Houve resistência pertinaz. A irmandade fincou pé na "justa e intransigente defesa dos direitos da instituição, do seu patrimônio moral e material e espiritual, opôs os recursos legais cabíveis, pela brilhante orientação [do advogado] Benedito Galvão". Por pouco o "Rosário dos Pretos" – atingido pela segunda vez pelo poder público, em menos de meio século – não foi despejado e transferido para a área periférica da cidade (Amaral, 1991, pp. 129-46).

32 É importante dizer que a Irmandade de Nossa Senhora do Rosário dos Homens Pretos não foi a única instituição do gênero que surgiu na região central da cidade de São Paulo. Joviano Amaral se reporta à Irmandade dos Homens Pretos da Igreja da Boa Morte, mas não apresenta maiores dados e informações a respeito dessa confraria (Amaral, 1991, pp. 53-4). Certo é que existiu a Irmandade dos Homens Pretos de Santa Efigênia e Santo Elesbão, dissolvida em 1890 por sentença de autoridades eclesiásticas. Sobre esse conflito, envolvendo a irmandade e a diocese de São Paulo, ver Antonia Aparecida Quintão (2002) e Alicia Monroe (2017).

33 Mário de Andrade foi o primeiro a enfatizar as características específicas do que ele designou "samba rural" (Andrade, 1937). Em pesquisa mais atual, Marcelo Simon

sobre a formação e "evolução" das escolas de samba (Moraes, 1978). Revitalizando de certo modo esse objeto de estudo, Iêda Marques Britto realizou uma pesquisa acerca do samba no planalto de Piratininga entre as décadas de 1900 e 1930. Editado em 1986, o estudo lançou luzes sobre os negros que migraram das áreas rurais do estado para a capital e se alojaram em bairros pobres da época, como Liberdade, Lavapés, Bixiga, Jabaquara, Bosque da Saúde e, especialmente, Barra Funda[34]. Neste último, a proximidade da linha férrea e da estação de trem favoreceu a instalação de armazéns e indústrias de pequeno porte, com consequente aumento nas oportunidades de trabalho, principalmente como carregadores e ensacadores. Ao fim do expediente, esses trabalhadores braçais, majoritariamente negros, se reuniam no largo da Banana para a prática do samba[35]. Em depoimento prestado a

---

Manzatti discordou do polígrafo modernista: "Apesar de o adjetivo 'rural' ter sido consagrado por Mário de Andrade, a ocorrência desse samba em grandes centros urbanos, como Campinas, desde muito cedo, aconselha que o abandonemos como marca definidora deste gênero. [...] Optei pelo conceito samba de bumbo, como forma de destacar o elemento que realmente diferencia esse gênero específico dos demais". Percorrendo o estado de São Paulo, Manzatti observou que o samba é denominado, de acordo com a época e a localidade, samba antigo, samba caipira, samba campineiro, samba de Pirapora, samba de terreiro, samba de umbigada, samba-lenço, samba paulista ou, entre seus praticantes, simplesmente samba. Apesar disso, o autor entende que esses diferentes grupos constituíam uma "família", com uma afiliação comum (Manzatti, 2005, pp. 18-9).

34 Os bairros indicados por Iêda Britto não foram os únicos onde os negros se fixaram na cidade de São Paulo no pós-abolição. Em pesquisa recente, Yaracê Boregas Rêgo percebeu que a visão de liberdade para os "escravizados e libertos", sobretudo para aqueles com trânsito em áreas urbanas, foi plasmada pela experiência do "viver sobre si". Não se remetia diretamente à cultura do ócio, mas à recusa de um trabalho que excedesse suas necessidades de sobrevivência ou, ainda, que se desse "nos termos das velhas relações escravistas", tidas como "continuação do cativeiro". A autora identificou, no fim do século XIX, "enclaves de territorialidades negras nos bairros centrais da capital paulista, como Santa Efigênia, sul da Sé e o [vale do rio] Saracura do Bixiga; nas regiões circunvizinhas ao centro, como Lavapés, Brás e Barra Funda"; e "também nas regiões afastadas, como Penha, São Miguel e Nossa Senhora do Ó, entre outras" (Rêgo, 2018, p. 136).

35 Entre os carregadores e ensacadores, ficaram famosos os negros da Glete, residentes

Wilson Rodrigues de Moraes (1978, p. 43), Inocêncio Tobias lembrou-se de uma velha composição entoada naquele canto (e recanto) da cidade:

> Não sô do morro nem da favela
> Brigo, não corro e se apanhá não conto guela
> Sô da Barra Funda
> A zona do samba
> Onde tem macumba, olé
> E tem gente bamba.
>
> Quem quizé sabê meu nome
> Não precisa preguntá
> Trago letra na cabeça
> Ai, como verso no jorná.

Emergiram outros redutos de manifestações culturais cultivadas pelos negros: no largo do Piques, no centro, onde hoje se localiza a praça da Bandeira; no trecho da rua Santo Antônio entre as ruas Martinho Prado e Major Quedinho, no atual bairro da Bela Vista; na praça da Sé e na "prainha" (vale do Anhangabaú, onde cruza a avenida São João). De maneira semelhante, surgiram redutos culturais em torno de personagens carismáticas, que transformavam suas casas em núcleos de encontros, sociabilidades e atividades festivas. Um dos mais legendários foi a casa da Tia Olímpia, na rua Anhanguera, no bairro da Barra Funda. Ali a "dona do samba", como era chamada, promovia regularmente o samba de roda, congregando as pessoas negras, inclusive os bambas da Glete[36]. Outro reduto foi o terreiro

---

no trecho inferior da alameda Glete, próximo à linha férrea. Quando o trabalho nos armazéns paulistanos escasseava, deslocavam-se até Santos em busca de tarefas análogas. Chamados de "bambas da Barra Funda", eram temidos por sua força física e valentia (Britto, 1986, pp. 39-40). Para estudos mais recentes sobre o "samba urbano" da capital paulista e seus protagonistas, ver Márcio Michalczuk Marcelino (2007), Lígia Nassif Conti (2015) e Amailton Magno Azevedo (2017).

36 De maneira similar, Raquel Rolnik registra a existência, no bairro da Barra Funda, de

do famoso Zé Soldado, no então longínquo bairro do Jabaquara, onde na festa de 13 de Maio atravessava-se dia e noite sambando e dançando sob a cadência musical de jongos como este:

Fala caxambu
Viajante e candongueiro
Bate no couro que esse boi é mandingueiro

Sou cantador, sou violeiro
É na enxada que eu labuto o dia inteiro
Quando brilha a luz da lua...
É que eu canto no terreiro

Esse jongo é meu
Esse jongo é meu
Esse jongo é meu
Quem mandou você entrar
Só batuca nesse jongo
Batuqueiro do lugar

Esse jongo não é seu
Meu avô trouxe de Angola
Me ensinou a desatar
Verso de gente gabola

Fala caxambu [...]

Se o jongo é o pai do samba
O lundu foi seu avô

---

diversas "tias africanas com seus clãs, que praticavam jongo, macumba ou samba de roda como extensão da própria vida familiar. Estes locais eram habitações [...] onde moravam famílias extensas e indivíduos sem laços de parentesco" (Rolnik, 1989, p. 6).

Crioulo de pé queimado
Não batuca no tambor

Não batuca no tambor
Mas não vai ficar de fora
O jongueiro quando é bom
Faz o seu verso na hora.

Fala caxambu [...][37]

No bairro do Lavapés, formou-se outro núcleo na casa de Madrinha Eunice (Deolinda Madre) e Chico Pinga (Francisco Papa), sambista respeitado, como também o era toda a família. Comenta-se que esses espaços eram fechados dentro do próprio mundo negro (Britto, 1986, p. 70), mas a verdade é que deles pouco se conhece, tornando-se imprescindíveis novas pesquisas para apreender sua experiência histórica. Em 1914, Dionísio Barbosa fundou o Grupo da Barra Funda, o primeiro cordão carnavalesco paulistano. Numa época em que os encontros das pessoas negras para confraternizar, dançar, cantar e sambar nas ruas eram malvistos pelas elites e por vezes tolhidos pelas forças policiais, Barbosa plantou a semente de uma prática cultural que projetou a presença do negro na esfera pública da cidade. Em seu primeiro ano, o Barra Funda desfilou no compasso da seguinte marcha sambada:

Minha gente, saia fora
Da janela, venha ver
O Grupo da Barra Funda
Está querendo aparecer!

---

[37] Osvaldinho da Cuíca, "Esse jongo é meu". *História do samba paulista* (CD), narração e canto de Osvaldinho da Cuíca, com participação de Aldo Bueno, Germano Mathias e Thobias da Vai-Vai. São Paulo. Gravadora CPC-Umes, com distribuição da Eldorado Fonográfica, 1999.

A agência afro-paulista: os desafios pungentes

Cantamos todos
Com a voz aguda
Trazendo vivas ao Grupo da Barra Funda[38]

Ao Barra Funda – rebatizado posteriormente Camisa Verde – somaram-se novos cordões, como o Grupo Carnavalesco Campos Elíseos[39], o Cordão Carnavalesco Vai-Vai, o Flor da Mocidade, o Diamante Negro e o Príncipe Negro, entre outros[40]. Iêda Britto apresenta boas pistas de como os negros criaram múltiplos folguedos, blocos e cordões carnavalescos, organizaram batuques, animaram rodas de umbigada e tiririca[41] e, sobretudo, fizeram da prática cotidiana do samba um exercício de resistência cultural. A autora argumenta que eles procuraram "expandir suas manifestações culturais, aproveitando todas as frestas que a sociedade de então caracteristicamente mais permitia do que oferecia". Valendo-se da participação em várias festas, religiosas ou profanas, "chegaram a transformar algumas delas, emprestando-lhes sua marca inconfundível" (Britto, 1986, p. 103). Quem nas primeiras décadas do século XX não se lembrava dos festejos no santuário do Bom Jesus de Pirapora?

---

38 Dionísio Barbosa e Luiz Barbosa, "Grupo da Barra Funda", 1914. *História do samba paulista, opus citatum.*

39 Sobre a história do Grupo Carnavalesco Campos Elíseos e sua participação nos festejos de Momo de São Paulo, ver o artigo de Petrônio Domingues (2013).

40 Wilson Rodrigues de Moraes sustenta que o Carnaval paulistano teve, ao lado dos cordões, a participação de alguns ranchos: "Havia, também, pelo menos três ranchos: Diamante Negro, na rua Teixeira Leite; Príncipe Negro, na rua das Flores (hoje rua Silveira Martins); e os Moderados da Lapa. Os ranchos guardavam, por sua vez, certa semelhança com os cordões. Porém, neles era acentuada a supremacia dos instrumentos de corda, em geral violão, e apenas um ou outro surdo para marcação" (Moraes, 1978, p. 41). A explicação de Rodrigues de Moraes não é endossada por Olga von Simson, para quem o Diamante Negro e o Príncipe Negro apresentavam grande riqueza estética e instrumental, que os aproximava dos ranchos cariocas, embora, do ponto de vista conceitual, fossem cordões carnavalescos (Simson, 2007, p. 106).

41 Tiririca – também nomeada, conforme a época e o lugar, de batuque de umbigada, tambu ou caiumba – era uma dança semelhante à capoeira ou pernada, praticada sob o acorde do samba, sendo os golpes desferidos em meio aos passos da dança.

Todos os anos, na primeira quinzena de agosto, aconteciam romarias à cidade de Pirapora, por ocasião da festa de São Bom Jesus. Como a cidade era diminuta e não contava com uma rede de hotéis e hospedarias, eram construídos imensos barracões para alojar os romeiros, na maior parte negros oriundos de São Paulo, sul de Minas e sul do Mato Grosso do Sul. O auge da festa se dava entre 3 e 7 de agosto, culminando com a procissão em louvor ao São Bom Jesus. Já a parte profana da festa ocorria nos barracões: rodas de samba dia e noite, em ritmo sincopado e contagiante de descontração, júbilo e êxtase (Cunha, 1937). A festa de Pirapora constituiu referência obrigatória nas atividades dos grupos de samba paulista e foi frequentada por sambistas de expressão. É o caso de Dionísio Barbosa, o principal porta-voz do Camisa Verde; Dona Sinhá – filha do famoso Felão de Pirapora –, que integrou o primeiro grupo a desfilar no Cordão Carnavalesco Vai-Vai, em 1930; Donata Ramos, antiga participante dos cordões carnavalescos Campos Elíseos e Camisa Verde; sem olvidar de Madrinha Eunice (fundadora da Lavapés, em 1937) e Geraldo Filme (dirigente dos cordões Campos Elíseos e Paulistano da Glória). A festa de Pirapora foi tão marcante na trajetória de vida de Geraldo Filme que, na fase adulta, ele compôs um samba autobiográfico ("Batuque de Pirapora", de 1979), cuja letra não omite seu imaginário de nostalgia:

> Eu era menino
> Mamãe disse eu vou-me embora
> Você vai ser batizado
> No samba de Pirapora
> Mamãe fez uma promessa
> Para me vestir de anjo
> Me vestir de azul celeste
> Na cabeça um arranjo
> Ouviu-se a voz do festeiro
> No meio da multidão:
> Menino preto não sai
> Aqui nessa procissão!
> Mamãe, mulher decidida

A agência afro-paulista: os desafios pungentes

Ao santo pediu perdão
Jogou minha asa fora
E me levou pro barracão!

Lá no barraco
Tudo era alegria
Negro batia na zabumba e o boi gemia!
Iniciado o neguinho
No batuque do terreiro
Samba de Piracicaba, Tietê e Campineiro
Os bambas da Pauliceia
Não consigo esquecer
Fredericão na zabumba
Fazia a terra tremer
Cresci na roda de bamba
No meio da alegria
Eunice puxava o ponto
Dona Olímpia respondia
Sinhá caía na roda
Gastando a sua sandália
E a poeira levantava
Com o vento das sete saias![42]

As expressões culturais afro-diaspóricas no estado de São Paulo – mormente na feérica e cosmopolita "metrópole do café" – nos domínios do Carnaval, do samba, da capoeira, da umbigada, do jongo, da música ou mesmo do teatro e do cinema foram temas de outras pesquisas (Raymond, 1954; Ianni, 1956; Vidossich, 1962; Muniz Jr., 1976; Cunha Junior, 1992; Souza, 1991; Silva, 1994; Moraes, 1997 e 2000; Manzatti, 2005; Jeferson De, 2005; Urbano, 2005; Simson, 2007; Pinto, 2007; Silva, 2008b, pp. 70-81; Nogueira, 2007 e 2009; Penteado Júnior, 2010; Cunha, 2011; Silva, 2012b). É digno de nota o texto

---

42 Geraldo Filme, "Batuque de Pirapora". *História do samba paulista, opus citatum.*

em que Vagner Gonçalves da Silva *et al.* (2004) analisam o papel de Madrinha Eunice e Geraldo Filme nesse processo.

Nascida em Piracicaba em 1909, Deolinda Madre – popularmente conhecida por Madrinha Eunice – transferiu-se para São Paulo em tenra idade, fixando residência na região da Liberdade e da Baixada do Glicério. Quando adolescente, frequentava as festas da comunidade negra e, aos 25 anos, casou-se com o popular Chico Pinga. Ambos eram apaixonados por samba e Carnaval, razão pela qual fundaram o Grêmio Recreativo Beneficente e Esportivo Lavapés, em 1937. A animação demonstrada desde o primeiro desfile atraiu novos componentes e, em pouco tempo, a escola de samba brilhou, colecionando títulos ou ficando entre as primeiras colocadas por quase três décadas após sua fundação. Madrinha Eunice era oficialmente católica, mas se conhecia seu envolvimento com a umbanda, para não dizer a quimbanda, modalidade que cultua preferencialmente entidades como Exus e Pombagiras. Conforme assinalam Vagner Gonçalves da Silva *et al.* (2004, p. 146), a fundadora da mais antiga escola de samba em atividade na capital paulista "teve um papel importante na organização e oficialização do Carnaval popular feito pelos negros em São Paulo". Faleceu em 1995, já bastante debilitada, em consequência da idade e do diabetes.

Geraldo Filme de Souza é outro importante sambista afro-paulista. Batizado e registrado em São João da Boa Vista em 1927, mudou-se ainda pequeno para o bairro da Barra Funda, um dos mais famosos bolsões de sambistas de cordões carnavalescos. Quando adolescente, adorava ir às festas que reuniam as pessoas negras ao som do batuque e da roda de jongo e umbigadas. Adorava também o Carnaval, ocasião em que desfilava como baliza nos cordões. Foi nesse clima de emoção e alegria que ele compôs, aos 10 anos, sua primeira letra de samba. Daí para a frente, não parou mais. Participou de escolas de samba, como o Peruche e a Vai-Vai, e foi autor de vários sambas-enredo e canções, a exemplo desta:

> Adeus...
> Tá chegando a hora
> Acabou o samba
> Adeus, Barra Funda, eu vou-me embora.

> Veio o progresso
> Fez do bairro uma cidade
> Levou a nossa alegria
> Também a simplicidade...
> Levo saudade
> Lá do largo da Banana
> Onde nóis fazia samba
> Todas as noites da semana
> Deixo este samba
> Que eu fiz com muito carinho
> Levo no peito a saudade
> Nas mãos, o meu cavaquinho!
> Adeus, Barra Funda...[43]

Nos anos 1970, o talento musical de Geraldo Filme foi reconhecido por jornalistas, críticos e músicos. Sem escamotear a espinhosa questão racial, ele buscava tematizar o negro e a experiência histórica afro-atlântica nas letras de suas composições – por um viés não panfletário, mas poético, telúrico e artístico. Tal como Madrinha Eunice, era diabético e morreu em 1995, em decorrência de uma broncopneumonia. Desde seu passamento, Geraldo Filme "tem sido cada vez mais reconhecido como grande nome do samba paulista" (Silva *et al.*, 2004, p. 176). Ainda assim, sua biografia está à espera de um pesquisador mais cioso e menos deslumbrado. Amailton Magno Azevedo (2006) e Bruna Prado (2013) até brindam o leitor com novos elementos para se pensar a memória musical do "Geraldão da Barra Funda" e suas relações com os grupos afro-paulistas; entretanto, diversas facetas do sambista ainda precisam ser desveladas e problematizadas. Faltam igualmente estudos sobre outros negros produtores da cultura popular, tanto aqueles que adquiriram certo reconhecimento quanto os que morreram no anonimato.

---

43 "Último sambista", de Geraldo Filme, 1968. *História do samba paulista, opus citatum.*

7 Que "negro" é esse na cultura erudita?

No campo educacional, o protagonismo negro também se fez presente no pós-abolição paulista. Como resposta ao quadro de analfabetismo, falta de oportunidades educacionais e existência da "linha de cor" em parte da rede escolar (Bicudo, 1955; Ginsberg, 1955; Bastide, 1959; Demartini, 1989; Gusmão, 1997; Araújo, 2013)[44], os afro-paulistas articularam várias iniciativas pedagógicas e criaram estabelecimentos de ensino específicos. Na capital, o Clube 13 de Maio dos Homens Pretos, a Sociedade Amigos da Pátria e o Centro Cívico Palmares valorizavam a instrução; porém, foi a Frente Negra Brasileira que se distinguiu por erigir uma escola de ensino básico e oferecer curso de alfabetização durante alguns anos (Felix, 2001; Araújo, 2008; Domingues, 2008; Machado, 2009; Lucindo, 2010; Souza, 2013). Uma aposta na via educacional, em Campinas, resultou na fundação do Colégio de São Benedito, na década de 1910. Incorporado à Federação Paulista dos Homens de Cor, atendia muitas crianças negras e de baixa renda e funcionava em regime de internato e semi-internato, dividindo-se em uma seção masculina e outra feminina (Pereira, 1999, 2001).

---

44 As barreiras impostas aos negros na rede de ensino foram reais e simbólicas, mas não intransponíveis. Nessa circunstância, a afirmativa de que houve uma "linha de cor" no sistema educacional precisa ser relativizada. Em pesquisa sobre o "diploma de brancura" no Brasil, Jerry Dávila aponta que havia um corpo de professores afrodescendentes lecionando nas escolas públicas urbanas durante as primeiras décadas do século XX. As fontes consultadas pelo autor, especialmente as fotografias, sugerem que alguns desses professores chegaram a assumir uma consciência social e política como afrodescendentes. As fotografias "mostram também que o número desses professores declinou visivelmente com o tempo: a maioria estava presente em fotografias tiradas entre 1900 e 1920, enquanto muito poucos estavam presentes em fotografias tiradas após 1930". No caso específico do estado de São Paulo, o historiador porto-riquenho identificou evidências da presença em Campinas de professores de cor, que aparentemente possuíam "diplomas" (Dávila, 2006, pp. 157-61). Já Sérgio Tenório de Almeida deslindou as oportunidades de acesso ao ensino superior na "terra da garoa" no período de 1935 a 1964 e, mediante a consulta dos prontuários de alunos, verificou que nove negros concluíram o curso na Faculdade de Medicina da Universidade de São Paulo (Almeida, 2009).

A agência afro-paulista: os desafios pungentes

Na cidade de São Carlos, o Centro Cívico José do Patrocínio e o Grêmio Recreativo Flor de Maio também abriram pequenos estabelecimentos de ensino, garantindo a seus frequentadores o aprendizado das primeiras letras (Aguiar, 1998).

Esses fatos permitem ver como alguns negros investiram altas somas de energia, recursos e experiência na criação de escolas, na esperança de que a "instrução" fosse resolver todos os seus problemas em matéria de aceitação social, reconhecimento cultural e exercício pleno da cidadania. Acreditava-se que a educação constituía um instrumento eficaz na "cruzada" contra o preconceito racial, assim como na conquista da igualdade de direitos e de oportunidades, inclusive no mercado de trabalho. A "instrução" não significava apenas símbolo de distinção social e chave de acesso aos direitos civis; de sentido polissêmico, ela também poderia proporcionar aos negros a elevação da autoestima e o conhecimento de seus "heroicos" personagens, de sua história e de seus valores culturais, afora lhes permitir estreitar os intercâmbios afro-diaspóricos. Mas por que esse estrato populacional acreditava tanto no virtual poder emancipador da educação? As experiências assinaladas aqui não foram as únicas do gênero, de sorte que são recomendáveis novas pesquisas para desvendar as múltiplas dimensões e os diferentes significados do ativismo afro-paulista na educação, tanto na capital quanto no interior.

Seja como for, essas experiências não são de pouca monta, pois corroboram a premissa segundo a qual os negros, para além da cultura popular, são agentes produtores de repertórios de cultura erudita (ou letrada). De longa data, os afro-paulistas têm-se preocupado com o letramento e, com base em grandes esforços, criaram grêmios literários, fomentaram um circuito de saraus e por vezes publicaram livros de poemas, contos e ensaios. Talvez o exemplo mais emblemático disso seja Lino Guedes, um filho de ex-escravos que nasceu na cidade de Socorro em 1897 e se mudou em 1912 para Campinas, onde deu continuidade aos estudos e se iniciou nas lides do jornalismo. Trabalhou no *Diário do Povo*, no *Correio de Campinas* e no *Correio Popular*, além de ter fundado, em 1923, na companhia de Gervásio de Morais e Benedito Florêncio, *O Getulino*, considerado o mais importante jornal da imprensa negra na cidade. Em 1926 ele se transferiu para a capital do estado, onde atuou profissionalmente em órgãos de imprensa como *Jornal do Comércio*, *Correio Paulistano* e *Diário de São Paulo*. Ao mesmo tempo, Guedes participava das associações recreativas e reuniões sociais do "meio negro". Em 1928, colaborou com Argentino Celso Wanderley no lançamento do *Progresso*, um periódico afro-brasileiro[45]. Nas décadas de 1920, 1930 e 1940, o jornalista e escritor trouxe a lume algumas obras literárias, tornando-se, na opinião de David Brookshaw, "o primeiro poeta negro do Brasil a experimentar e expressar conscientemente a alma de seu povo" (Brookshaw, 1983, p. 177). De fato, a produção literária de Guedes caracterizou-se por um discurso de afirmação racial, o que passava pela valorização da mulher negra (Guedes, 1927, p. 35):

> Um diabinho é Aracy
> Parece até um saci
> A travessa da negrinha.
> Em certa roda de samba
> Fica a gente meio bamba
> Com a graça da tiazinha.
>
> Indiscretos arregaços
> De saia mostram os passos
> A poesia que tem
> O samba. Ela requebrando
> A todos vai convidando
> Para dançarmos também.
>
> E a Aracy, um certo dia
> Aparece, quem diria,
> Feita estrela teatral!

---

[45] Sobre a trajetória de Lino Guedes, conferir Petrônio Domingues (2010d), Heloísa Toller Gomes (2011), Oswaldo de Camargo (2016) e Mário Augusto da Silva (2017).

A agência afro-paulista: os desafios pungentes

E ao refulgir da ribalta
Toda a negrada se exalta
Com o carvão nacional.[46]

Cumpre salientar que Lino Guedes granjeou proeminência em matéria de fortuna crítica[47], todavia não foi o único poeta negro dessa fase. Deocleciano Nascimento, Gervásio de Moraes, Manoel Antônio dos Santos, Benedito Vaz Costa, Alberto Orlando, Aristides Assis Negreiros, Couto Magalhães e outros afro-paulistas menos versados também manejaram a pena em prol de uma produção literária preocupada com as questões raciais.

---

46 A expressão *carvão nacional*, que fecha o poema de Lino Guedes, é uma alusão ao nome da peça encenada pela Companhia Negra de Revistas no teatro Apolo, em São Paulo, no fim de outubro de 1926. A Companhia Negra de Revistas foi um grupo teatral formado no Rio de Janeiro naquele ano e congregava artistas afro-brasileiros respeitados, como De Chocolat, Bonfiglio de Oliveira, Sebastião Cirino e Pixinguinha. Seu mote era levar ao palco esquetes, números musicais e de danças, abordando os modos de vida, estilos, artefatos e símbolos culturais afro-diaspóricos. A *troupe* estreou com a peça *Tudo preto*, provocando grande impressão no meio artístico nacional. Quando excursionou por São Paulo, já estava dividida – por divergências entre seus componentes – em duas: a Ba-Ta-Clan Preta e a Companhia Negra de Revistas. Foi esta última que estreou o espetáculo *Carvão nacional* em terras de Piratininga, por um lado causando espécie na crítica, por outro arrancando aplausos do público e enchendo de orgulho os "homens de cor". Foi tanto que, depois da apresentação do espetáculo no dia 29 de outubro, o Centro Cívico Palmares, do qual Guedes fazia parte, prestou uma homenagem ao grupo de artistas negros, com direito a discursos celebrativos das lideranças afro-paulistas. A respeito da Companhia Negra de Revistas, ver Tiago de Melo Gomes (2004, pp. 287-374) e Orlando de Barros (2005).

47 Entre poesias, contos, romances, ensaios e biografias, Guedes publicou mais de dez obras – das quais muitos opúsculos –, sempre tematizando direta ou indiretamente a questão racial. Salvo engano, esta é a lista bibliográfica dele mais completa: *Luiz Gama e sua individualidade* (1924); *O canto do cisne preto* (1927); *Black* (1927); *Ressurreição negra* (1928); *Negro preto cor da noite* (1932); *Urucungo* (1936); *O pequeno bandeirante* (1937); *Mestre Domingos* (1937); *Sorrisos de cativeiro* (1938); *Vigília de Pai João* (1938); *Ditinha* (1938); *Nova inquilina do céu* (1951); *Suncristo* (1951). Sobre a produção poética de Guedes, ver Jane Malinoff (1982).

Nas décadas de 1950 e 1960, a Associação Cultural do Negro (ACN) investiu em projetos editoriais e trouxe à estampa os *Cadernos de Cultura da ACN – Série Cultura Negra*, cujo objetivo era contribuir para o estudo, o conhecimento e a divulgação dos inúmeros problemas com os quais se defrontava o país, "principalmente os relacionados com a sua raça, sua população, sua história, sua cultura". O primeiro livro da série foi publicado em 1958, reunindo ensaios de Sérgio Milliet e Arthur Ramos, assim como poemas de Carlos de Assunção e Oswaldo de Camargo. Tratou-se, aliás, de uma edição especial, comemorativa do "septuagésimo aniversário da promulgação da Lei Áurea". Na concepção da ACN, a abolição da escravidão, em 13 de maio de 1888, não devia ser vista como um acontecimento "jubilar" apenas pelo elemento negro. Pela forma como foi realizada, pela intensidade de sua repercussão, pelas profundas transformações que provocou na estrutura econômica, política e social da vida brasileira, situar-se-ia como "um dos poucos acontecimentos caracteristicamente revolucionários de nossa história pátria. Consolidou a Independência, ensejou a vitória da campanha republicana, permitiu que o Brasil se situasse como nação e como povo no consenso internacional" (Assumpção *et al.*, 1958, pp. 3-4).

Sob o selo da efeméride, a ACN patrocinou uma série de atividades culturais, como conferências sobre "O negro na folc-música paulista", "O negro e o teatro dramático", "Alguns aspectos da poesia negra" e "O negro na literatura brasileira". O segundo *Caderno de Cultura* da agremiação foi uma homenagem ao legendário escritor afro-brasileiro Cruz e Sousa, com uma seleção de textos do Dante Negro em prosa e poesia. Em 1961, foi editado o terceiro livro da série. Intitulado *15 poemas negros*, tratava-se de uma antologia de Oswaldo de Camargo, autor cuja produção literária, nessa fase, articulava uma consciência afro-diaspórica, conectada à ideia de identidade ancestral comum e à sensibilidade em relação ao retorno espiritual à África. Seu poema "Grito de angústia" (Camargo, 1961, p. 51) é um exemplo cabal disso:

> Dê-me a mão.
> Meu coração pode mover o mundo
> com uma pulsação...
> Eu tenho dentro em mim anseio e glória

A agência afro-paulista: os desafios pungentes

que roubaram a meus pais.
Meu coração pode mover o mundo,
porque é o mesmo coração dos congos,
bantos e outros desgraçados,
é o mesmo.

É o mesmo coração dos que são cinzas
e dormem debaixo da Capela dos Enforcados...
é o coração da mucama
e do moleque;
e eu sei muitas canções de ninar gente branca,
sei histórias,
todas feitas à sombra das palmeiras,
ou nas margens do Nilo...[48]

Da fase contemporânea de atuação do afro-paulista no campo literário, destaca-se um grupo de escritores denominado Quilombhoje. Desde 1983, esse grupo assumiu a responsabilidade de publicar os *Cadernos Negros* (CN), que a cada edição anual trazem poemas nos volumes de número

---

48 A história de Oswaldo de Camargo rompe com uma série de estereótipos associados ao negro. Nascido em Bragança Paulista, interior de São Paulo, em 24 de outubro de 1936, passou os primeiros anos de vida na Fazenda Sinhazinha Félix. Estudou em colégios mantidos por religiosos e cedo desenvolveu sua vocação para a literatura e a música clássica, aprendendo a tocar órgão e estudando harmonia. Depois de passagem pelo seminário, migrou para a capital paulista, onde passou a trabalhar como jornalista. Colaborou com periódicos da imprensa negra, como *O Novo Horizonte* e *A Voz da Rua*, e integrou os quadros de afiliados da Associação Cultural do Negro (1954-76), agremiação na qual contribuiu para o jornal *O Mutirão* e cujo Departamento de Cultura dirigiu. Em 1959, com 23 anos de idade, já era revisor do jornal *O Estado de S. Paulo*, ocasião em que publicou *Um homem tenta ser anjo*, um livro de poemas, e apresentou composições musicais eruditas de sua autoria. No ano seguinte, paralelamente a suas atividades na grande imprensa, tornou-se redator-chefe da revista *Níger* e trabalhou no efêmero jornal *Ébano*. No meio literário, foi ainda autor dos livros *O carro do êxito* (1972), de contos, *O estranho* (1984), de poemas, *O negro escrito* (1987), de ensaios, e *A descoberta do frio* (1979), uma novela (Camargo, 2015).

ímpar e contos nos de número par. Para se contrapor à ausência do personagem afro-brasileiro e/ou aos estereótipos raciais na literatura brasileira, os escritores desse grupo desenvolveram o que designam "literatura negra". Na acepção de Florentina da Silva Souza, a "produção textual afro-brasileira ou negra" dos CN é um conjunto de textos escritos com a "predisposição de insurgir-se contra os tradicionais sistemas de representação – uma produção cultural híbrida, nem mera cópia da tradição ocidental europeia, hegemônica no traçado do perfil cultural brasileiro, nem uma transposição ou colagem das culturas africanas que vieram para o Brasil". São, portanto, textos que, apropriando-se seletivamente da linguagem e de recursos estéticos da tradição literária ocidental, jogam com a possibilidade de transitar entre as heranças das tradições da literatura oral de origem africana, que se transformaram na diáspora, e as heranças da tradição ocidental. Um transitar que

> lhes permite instalarem-se em uma posição intermédia, impensável se buscada nos termos de parâmetros de qualquer pureza identitária, uma vez que os aludidos textos se constituem no entrecruzamento de discursos identitários produzidos no país, na diáspora e nos centros hegemônicos (Souza, 2005, pp. 67-8).[49]

8 "Elite de cor" × "pretos da plebe"

Os desafios desta nova área de estudos e pesquisas não se esgotam aqui. A maneira como os autores abordam a relação entre os negros da "elite" ou letrados e os das "camadas populares" é outro tópico que precisa ser problematizado. José Carlos Gomes da Silva argumenta que o "meio negro", longe

---

[49] A respeito do conceito de "literatura negra" nos *Cadernos Negros* e da produção de alguns escritores e poetas afro-paulistas colocada em circulação em antologias, mostras e encontros sobre literatura, ver também Oswaldo de Camargo (1987), Zilá Bernd (1988, 1992), Miriam Alves (2002) e Mário Augusto da Silva (2013, 2016).

de constituir um grupo homogêneo, apresentava uma profunda diferenciação social. Em seu interior, havia uma nítida separação entre, de um lado, os grupos que incorporavam valores do mundo da elite e, de outro, aqueles formados pelos indivíduos que não assimilaram tais valores. Segundo Gomes da Silva,

> A elite negra procurava afirmar-se como negra, mas de forma oposta ao negro pobre dos porões. Procurava marcar a alteridade e estabelecer suas fronteiras a partir da afirmação contraditória da condição de negra, porém, sob os padrões brancos de conduta social (Silva, 1990, p. 112).[50]

Liana Trindade também aponta uma diferenciação essencialista entre os elementos da "elite negra", que procuravam ser assimilados à sociedade dominante por meio de normas comportamentais e morais aceitas pelos brancos, e os demais negros, considerados pobres, analfabetos, atrasados ou vagabundos. Os clubes dos primeiros – Luvas Pretas, Kosmos, Elite Club e Smart – contrapunham-se aos grupos carnavalescos dos segundos, como o Camisa Verde e Branco, da Barra Funda (1914), ou o Vai-Vai, do Bixiga (1930) (Trindade, 2004, p. 117)[51]. Não parece ter havido uma separação tão

---

50 O conceito de "elite negra", espinhoso e difuso, tem um sentido específico no trabalho de José Carlos Gomes da Silva: "A utilização do termo *elite negra*, no contexto dessa pesquisa, justifica-se muito mais em função do papel intelectual que esta exerceu que propriamente pela condição econômica que ostentava. É bem verdade que a sua inserção na vida produtiva da cidade diferia da situação experimentada pelos negros da Barra Funda, que eram em sua maioria trabalhadores braçais. A *elite negra*, sobretudo suas lideranças, ocupava geralmente na cidade funções de caráter burocrático. Atuava também no setor de serviços, como motoristas particulares, e fundamentalmente como profissionais liberais: advogados, jornalistas, dentistas, técnicos de nível médio, artistas etc. Por isso, não pode ser considerada uma elite no sentido socioeconômico, como empregamos para a burguesia cafeeira, pois não eram detentores dos meios de produção" (Silva, 1990, p. 103). Como se percebe, a "elite negra", para esse autor, remete-se mais às classes médias que exatamente à burguesia. Para uma discussão sobre a "burguesia negra" estadunidense, ver o livro clássico de Edward Franklin Frazier (1997 [1957]).

51 No que concerne às divisões sociais internas na "comunidade negra", Simson vai mais longe, preconizando a existência de três grupos diferenciados. O primeiro seria formado

nítida, cristalina e inconciliável entre esses dois grupos[52]. É verdade que a população negra não constituía um bloco homogêneo e monolítico, mas também é verdade que seus valores e paradigmas culturais e comportamentais não eram determinados exclusivamente pela posição de classe do indivíduo. Outras questões – como as relações de gênero, o marcador geracional, a identidade regional, a orientação religiosa, as experiências impostas pelo racismo e a consciência em relação aos referenciais afro-diaspóricos – entravam em jogo (Seigel, 2009, pp. 296-7). Ademais, os negros dos dois grupos não viviam encastelados em espaços antinômicos; ao contrário, comunicavam-se permanentemente, em mão dupla, de cima para baixo e de baixo para cima. Em vez de permanecer em posições fixas, eles transitavam com fluidez, ao longo da vida, entre os diferentes cantos, recantos e ambiências sociais, políticas e culturais de São Paulo; estabeleciam trocas

---

por negros mais bem situados economicamente. Detentores de emprego fixo e renda regular, teriam criado os "salões da raça", onde reuniam a "mocidade negra" em bailes periódicos. Já o segundo grupo seria constituído por famílias com renda um pouco menor, que criaram os cordões carnavalescos. Por fim, ao terceiro grupo, composto de negros mais pobres – cuja renda era tão irregular que não lhes permitia integrar-se aos novos divertimentos profanos –, restavam a tiririca e o samba: a "turma da pesada", como era chamada pelos membros dos outros grupos negros, "reunia-se de madrugada no largo da Banana (na Barra Funda) ou nas praças da Sé e do Correio (no centro da cidade) para lutar capoeira no estilo paulista (tiririca) ou cantar sambas, geralmente compostos por eles mesmos, ao som de caixas de fósforos e pandeiros". Nota-se, então, que para Simson "nas três primeiras décadas deste século [XX] já se delineavam divisões socieconômicas na comunidade negra paulistana, gerando atividades socioculturais diferenciadas" (Simson, 2007, pp. 227-8).

52 Gomes da Silva até admite um "grau de interação" entre os negros da elite e os da patuleia na cidade de São Paulo. Nos jornais dos primeiros, veiculavam-se notícias e eventos sobre a vida social dos segundos, particularmente informações sobre os blocos carnavalescos, o resultado de jogos de futebol, a programação das atividades culturais dos grupos populares etc. "Nos anos 1930", argumenta Gomes, "a Frente Negra Brasileira chegou a promover um concurso de Carnaval, que foi vencido pelo [bloco] Flor da Mocidade, fundado pelo Seu Zezinho da Casa Verde. Porém, a despeito desses momentos de intercâmbio entre as duas parcelas da coletividade negra da cidade, o certo é que elas se apresentavam nos espaços públicos com projetos diferenciados e manipulando símbolos culturais próprios" (Silva, 1990, p. 105).

A agência afro-paulista: os desafios pungentes

dialógicas dentro (e fora) do grupo, assimilando e reassimilando valores, repertórios e cosmovisões, permutando e atualizando sua maneira de pensar, sentir e agir. Tendo em vista uma melhor compreensão de como operavam os intercâmbios entre os negros da "elite" ou letrados e os das "camadas populares", vamos acompanhar algumas trajetórias individuais.

Francisco Lucrécio, um dentista de classe média, intelectual e importante liderança afro-paulista, pode ser considerado um representante da "elite negra". Fez parte do corpo diretivo da Frente Negra Brasileira nos anos 1930 e, mais tarde, colaborou na fundação ou estruturação de outras organizações de "homens de cor". Apesar do gosto de classe e do estilo de vida pretensamente elitizado, Lucrécio jamais perdeu contato com o mundo dos negros das camadas populares, valorizando suas manifestações culturais e recreativas. Chegou a participar da diretoria da Escola de Samba Nenê de Vila Matilde e a escrever sambas-enredo para essa agremiação carnavalesca.

Raul Joviano do Amaral era um afro-paulista de perfil similar. Bacharel em direito – numa época em que a "linha de cor" ceifava dramaticamente os sonhos de ascensão educacional dos negros –, frequentou ainda os cursos de sociologia, economia e estatística. Foi consultor jurídico e intelectual da comunidade negra, e publicou livros de poesia, folclore, história, sociologia e direito. Vinculado desde cedo à Irmandade de Nossa Senhora do Rosário dos Homens Pretos de São Paulo, foi eleito mesário e secretário por diversos anos e ocupou o cargo de juiz provedor. Na década de 1930, afiliou-se à Frente Negra Brasileira, na qual fundou e dirigiu o jornal *A Voz da Raça*. Depois disso, atuou na Associação José do Patrocínio e no Centro Cultural Luiz Gama, bem como colaborou para o *Alvorada*, outro jornal voltado à discussão de questões raciais. Paralelamente a essa identidade negra "ilustrada" e "militante", Joviano Amaral manteve uma relação de sinergia com os "irmãos de cor" das classes sociais subalternas, assumindo, de corpo e alma, algumas manifestações lúdicas e culturais populares. Carnavalesco de boa cepa, foi presidente da União das Escolas de Samba do Estado de São Paulo (Uesesp) em seu nascedouro, na década de 1950.

Mas o oposto também ocorria: negros das camadas populares que, como Geraldo Filme, interagiam organicamente no seio da "elite de cor".

Argentino Celso Wanderley, um afro-paulista de origem humilde e pequeno funcionário da Companhia Telefônica, foi fundador e presidente do Grupo Carnavalesco Campos Elíseos, em 1917. Ao lado das atividades ligadas à folia momesca, que concorreram para a consolidação do samba paulistano, ele criou em 1928 o *Progresso*, um jornal da imprensa negra destinado às camadas letradas da população, e dirigiu a comissão em prol da construção da herma em homenagem ao grande líder negro abolicionista Luiz Gama, o que lhe conferiu prestígio e respeitabilidade. Aristides Barbosa, integrante de um time de futebol para negros e distinto membro do grupo musical da Frente Negra, fundou tempos depois *O Novo Horizonte*, um jornal da imprensa negra; formou-se em letras e sociologia e se aposentou como professor. Dionísio Barbosa, um amante do samba, grande impulsionador do cordão carnavalesco Barra Funda, amigo de capoeiristas e assíduo frequentador das festas de Pirapora, especialmente como devoto e romeiro, chegou a colaborar com a imprensa negra[53].

São muitos os exemplos de afro-paulistas descentrados, versáteis, mutantes, plurais; sujeitos que transitavam simultaneamente no universo político, cultural e simbólico dos negros, seja da elite, seja das camadas populares[54]. Convém, portanto, ressaltar que as fronteiras entre os negros desses dois grupos eram plásticas, movediças, permeáveis, regidas por negociações, alianças, mediações, hibridações e circularidades. As linhas divisórias cruzavam-se umas às outras, em vez de reforçar-se mutuamente.

---

53 Entre outros artigos de autoria de Barbosa, ver: "A sociedade boa e a corrompida, do negro em S. Paulo". *Evolução: revista dos homens pretos de São Paulo,* São Paulo: 13 maio 1933, p. 6.

54 Quanto ao interior paulista, Flávia Alessandra Pereira constatou algo semelhante em sua pesquisa: o tambu (dança de origem banta, similar ao jongo) era uma manifestação cultural popular frequentada "pelas famílias negras em geral. Em Rio Claro a festa envolvia – com algumas exceções – tanto negros 'do paletó com gravata', da classe média negra, quanto negros relativamente menos abastados. O Centro Cívico Luiz Gama – instituído para ser 'um reduto de comunhão da raça', para 'alfabetizar' os iletrados e para criar um 'clima cooperativista' de 'união beneficiadora' entre os [patrícios] – tinha como vice-presidente Sebastião de Almeida, expoente do Tambu ou Samba do 13 em Rio Claro" (Pereira, 2008, p. 134).

A agência afro-paulista: os desafios pungentes

III.

Tendências historiográficas

1 Biografia das "pessoas de cor"

O tema do negro no pós-abolição vem assumindo diferentes contornos e direcionamentos. Um dos gêneros de pesquisa histórica de fecundas potencialidades é a biografia, neste caso a das "pessoas de cor" – suas experiências, idiossincrasias, paixões, utopias, constrangimentos e as representações que pesavam sobre suas condutas. Ultimamente, a revalorização da biografia permitiu examinar esses personagens como testemunhas, como reveladores de vários aspectos de uma época. Esse gênero de pesquisa histórica desfez a falsa oposição entre indivíduo e sociedade. Se o indivíduo só existe numa rede de relações sociais que se cruzam – a casa, a família, a escola, o local de trabalho, a comunidade do bairro, as organizações da sociedade civil, o partido político, o universo espiritual, a utensilagem mental de uma época etc. –, a vida dele é influenciada por fatos e forças sociais, assim como o indivíduo, com suas formas de ser, pensar, sentir e agir, influencia o contexto social de que faz parte. Dessa perspectiva, o negro é, ao mesmo tempo, ator crítico e produto de sua época. Seu percurso contribui para desvendar a história por dois ângulos distintos. Um explícito, pela iniciativa voluntária do observador que propõe uma análise da sociedade na qual o personagem está inscrito. O outro, "implícito, avaliado no percurso do personagem que ilustra, por sua vez, as tensões, conflitos e contradições de um tempo, todos essenciais para a compreensão de um período. Neste caso, o indivíduo encarna, ele mesmo, tais tensões" (Priore, 2009, p. 11). Fato é que a biografia das "pessoas de cor" retém cada vez mais a atenção dos historiadores. Senão vejamos.

Em 1991, Luiz Gonzaga Piratininga Júnior reconstituiu a trajetória de Nicolau Tolentino Piratininga – um negro que nasceu escravo, ou melhor, foi escravizado assim que nasceu, em São Paulo, no ano de 1855, conquistou a alforria em 1877 e chegou a procurador leigo da Ordem de São Bento, vindo a falecer em 1929 – e de sua extensa família, composta de numerosos parentes e agregados (Piratininga Júnior, 1991)[55]. Como já foi assinalado, Oracy Nogueira (1992) deslindou a trilha palmilhada por Alfredo Casemiro da Rocha (1856-1933), um afro-baiano que se radicou em Cunha, interior paulista, e fez carreira política triunfal nos idos da Primeira República[56]. Clovis Gracie de Freitas (2000) remontou o itinerário da vida pública de Francisco Glycério (1846-1916), político e líder republicano nascido em Campinas que teve papel destacado nas transformações pelas quais passou São Paulo – e, por que não, o Brasil – no último quartel do século XIX, tanto na condução do processo que levou ao fim do Império como na reestruturação política nos primórdios da era republicana. Irene Maria Ferreira Barbosa (1997) recuperou momentos importantes da trajetória de Antonio Ferreira Cesarino Júnior, um afro-campinense que, de "descamisado", tornou-se uma sumidade na área do direito, obtendo reconhecimento internacional[57]; Maria Cláudia Cardoso Ferreira (2005) escarafunchou o percurso desbravado por duas lideranças negras, José Correia Leite (1900-89) e Arlindo Veiga dos Santos (1902-78), por meio de suas práticas políticas e representações sociais no interregno de 1928 a 1937[58].

---

55 Em artigo recente, Rogério da Palma e Oswaldo Mário Truzzi (2019) perscrutaram os fragmentos biográficos de Felício de Arruda (1847-1920), outro escravizado que conquistou a liberdade, vivendo boa parte da vida na região de São Carlos.

56 Para uma visão mais anuançada de Alfredo Casemiro da Rocha e da sociedade em que viveu, ver James Woodard (2014b).

57 Curiosamente, o bisavô de Cesarino Júnior, Antonio Ferreira Cesarino (1808-92) – um "pardo" que nasceu em condições paupérrimas em Minas Gerais e se radicou em Campinas, onde ascendeu socialmente, fundou o Colégio Perseverança e se tornou figura de prestígio – também foi objeto de uma biografia (Kabengele, 2015).

58 Arlindo Veiga dos Santos voltou a ser tema de uma pesquisa acadêmica, realizada por Teresa Malatian e publicada em livro em 2015. O cerne da pesquisa é explorar as

Por seu turno, Bruno Jeuken Souza (2017) alinhavou alguns aspectos da história de Salathiel de Campos (1901-51), jornalista afro-paulista que se distinguiu como cronista desportivo e membro fundador tanto da Ação Imperial Patrianovista Brasileira (em 3 de março de 1928) como da Frente Negra Brasileira (em 16 de setembro de 1931) e do Clube Negro de Cultura Social (em 1º de julho de 1932), além de ter sido autor de livros como *Nossos campeões* (1931) e *O homem negro no esporte bandeirante* (escrito em 1932 e publicado em 1934). Já Rita Amaral e Vagner Gonçalves da Silva teceram os fios da história e memória de Caio Egydio de Souza Aranha (1925-84), o fundador do Axé Ilê Obá, um dos mais imponentes terreiros de candomblé da cidade de São Paulo. Centrados na carreira religiosa desse babalorixá, "filho" do orixá Xangô, os autores discutiram vários desafios, impasses e jogos de alianças presentes na conformação do campo religioso afro-paulista. A força, para não dizer o mérito, de Caio Egydio residiria na "arte diplomática de falar 'para fora' e 'para dentro', aliar interesses religiosos à política e ao prestígio social". Seu terreiro foi capaz de combinar "o ritual ao espetáculo, a tradição à modernidade, todas elas dimensões que, como os dois lados do machado de Xangô, não se separam" (Amaral e Silva, 2002, p. 232).

Em 2008, Flávio Carrança registrou "momentos considerados importantes" para a constituição da "imagem pública" de Hamilton Cardoso (1954-99), talentoso representante da geração de lideranças e intelectuais negros brasileiros nas décadas de 1970 e 1980. Ele esteve no centro de uma série de atividades que deram impulso à luta antirracista no Brasil contemporâneo, como parte do movimento pela redemocratização do país, durante a ditadura imposta pelo golpe militar de 1964. Jornalista profissional, Cardoso trabalhou tanto na imprensa alternativa quanto nos

---

relações desse líder negro com o catolicismo no âmbito de sua atuação junto à Frente Negra Brasileira, associação da qual foi fundador e que presidiu entre 1931 e 1934. Por meio de pistas, dados e informações biográficas, a autora percebe como Veiga dos Santos procurou cooptar a associação dos negros para um movimento social que fazia interface com o patrianovismo, movimento católico, conservador e antiliberal do qual ele também foi dirigente (Malatian, 2015).

grandes meios de comunicação – *Jornal da Tarde, Folha de S.Paulo* e SBT – e procurou manter constante interlocução com intelectuais negros e brancos dos movimentos sociais e do meio acadêmico. Com forte consciência afro-diaspórica, viveu intensamente nas lides políticas, "tendo participado da campanha pela anistia, da articulação do movimento Diretas Já, do processo da Constituinte, da reorganização do movimento sindical e da construção do Partido dos Trabalhadores, além de atuar na esfera internacional" (Carrança, 2008, p. 16)[59].

Em 2010, Jorge Luís Ferreira Abrão reconstruiu a trajetória de Virgínia Bicudo, concentrando a análise em dois aspectos de sua vida: a mulher e a psicanalista. No que diz respeito ao gênero, deparou com uma mulher de personalidade "destemida e ousada", tendo sido "a primeira mulher a deitar-se em um divã analítico na America Latina". Quanto à profissão, ela teve "uma carreira das mais atuantes e produtivas de que se tem notícias nos anais da historiografia da psicanálise no Brasil", seja por seu pioneirismo na fundação de instituições psicanalíticas no país (como a Sociedade Brasileira de Psicanálise de São Paulo e a Sociedade de Psicanálise de Brasília), seja por sua copiosa produção teórica ou, ainda, "pela abrangência social de seu trabalho como psicanalista que, através de diferentes iniciativas, procurou levar os benefícios da psicanálise a diferentes camadas da população" (Abrão, 2010, p. 13).

Virgínia Leone Bicudo nasceu na cidade de São Paulo, em 1910. Viveu toda a infância e a adolescência no bairro da Luz, com seus pais e cinco irmãos. Desde criança sentiu na pele o "preconceito de cor", mas isso, em vez de fazê-la esmorecer, estimulou-a a investir no caminho do conhecimento. Sabia que era por meio dos bancos escolares que encontraria uma resposta para as causas e os efeitos das manifestações preconceituosas. Com esse espírito, cursou a Escola Normal Caetano de Campos e formou-se professora normalista em 1930. Logo após, ingressou no Instituto de Higiene, com a finalidade de fazer o curso de educadora sanitária.

---

59 Sobre Hamilton Cardoso e sua luta a favor da emancipação negra e do socialismo, ver ainda o artigo de Fábio Nogueira de Oliveira e Flavia Rios (2014).

Quando terminou o curso – em 1933, ano da morte de seu pai –, foi contratada pela diretoria do Serviço de Saúde Escolar do Departamento de Educação para dar aulas de higiene em educandários da cidade de São Paulo, até que, três anos depois, surgiu a oportunidade de ingressar no curso de graduação em ciências políticas e sociais da Escola Livre de Sociologia e Política (ELSP), a instituição precursora no terreno das ciências sociais no Brasil.

Para a neta de uma escrava de uma fazenda de Campinas, significava muito chegar até ali – no entanto, ela queria mais. Bacharelou-se em ciências sociais e políticas em 1938 e se tornou visitadora psiquiátrica da Seção de Higiene Mental Escolar da Secretaria de Educação do Estado de São Paulo, trabalhando em Clínica de Orientação Infantil. No início da década de 1940, começou a lecionar as disciplinas Psicanálise e Higiene Mental, em parceria com Durval Marcondes, na ELSP. Depois, ingressou na recém-criada Divisão de Estudos Pós-Graduados da ELSP, coordenada pelo sociólogo norte-americano Donald Pierson, e formou – com Gioconda Mussolini e Oracy Nogueira – a primeira turma do mestrado da instituição. Sob a orientação do sociólogo norte-americano, Virgínia Bicudo se interessou pelos "estudos de atitudes", na fronteira da sociologia com a psicologia social. Em 1945, concluiu a dissertação *Atitudes raciais de pretos e mulatos em São Paulo*, a primeira pesquisa de mestrado sobre as relações raciais defendida numa instituição universitária brasileira.

A partir dali, Bicudo se especializou cada vez mais em psicanálise. Ganhou uma importância crescente entre os profissionais que atuavam na Clínica de Orientação Infantil. Sua credibilidade a levou a chefiar a equipe de visitadoras psiquiátricas e a influenciar os profissionais a ela subordinados. Na década de 1950, Bicudo capitaneou várias iniciativas para a divulgação da psicanálise no Brasil, das quais ganharam ampla repercussão o programa que apresentou na Rádio Excelsior, uma série de artigos publicados no jornal *Folha da Manhã* e o livro *Nosso mundo mental*, editado em 1956. Nessa época, transferiu-se para Londres, a fim de aprimorar sua formação nesse campo. No regresso ao Brasil, Bicudo passou a desfrutar de prestígio profissional e se envolveu em projetos de repercussão no cenário nacional. Assumiu papel de liderança junto à Sociedade Brasileira de Psicanálise de São Paulo, entidade da qual foi uma das fundadoras. Estruturou o Instituto de Psicanálise e criou o *Jornal de Psicanálise*, em 1966, e a *Revista Brasileira de Psicanálise*, em 1967. Em outra frente de atuação, dedicou-se à clínica psicanalítica em consultório particular. Na década seguinte, ajudou na implantação da Sociedade de Psicanálise de Brasília e, por lá, ministrou aulas na Universidade de Brasília (UnB) e fundou a *Alter*, uma revista de estudos psicanalíticos.

Bicudo produziu e publicou um "expressivo número de trabalhos científicos, em uma média muito superior à encontrada entre seus contemporâneos". Ao longo de aproximadamente cinco décadas de dedicação quase exclusiva à psicanálise, nas quais vivenciou os principais acontecimentos que balizaram a consolidação desse campo disciplinar no Brasil e construiu uma sólida bagagem teórica a partir do contato direto com grandes mestres do mundo psicanalítico de seu tempo, como Melanie Klein e Wilfred Bion, a intelectual afro-paulista "tornou-se uma figura quase mítica", acumulando "grande experiência e forte carisma". Dessa forma, muitos procuravam-na com as mais "diferentes demandas, atraídos pela experiência, carisma e amplo reconhecimento social que lhe eram conferidos" (Abrão, 2010, p. 184, 228). A década de 1980 marca o arrefecimento das conquistas profissionais de Bicudo. Após sua saúde sofrer fortes abalos, que lhes deixaram sequelas irreversíveis ao longo de seus últimos anos, faleceu em 2003[60].

No que diz respeito às biografias, vale a pena reportar-se, ainda, àquelas dedicadas aos jogadores de futebol e aos ativistas e intelectuais. André Ribeiro (1999) escreveu um livro sobre a carreira de Leônidas da Silva (1913-2004), o "lendário diamante negro", e Alexandre da Costa (1999) fez "uma viagem nos tempos de Arthur Friedenreich" (1892-1969), um "mulato" que recebeu o título de El Tigre por ter sido o mais perfeito

---

60 Sobre a trajetória de Virgínia Bicudo e sua produção intelectual, ver ainda Marcos Chor Maio (2010a e 2010b) e Maria Helena Teperman e Sonia Knopf (2011) e Janaína Damaceno Gomes (2013).

centroavante do campeonato sul-americano de seleções (atual Copa América), em 1919. Friedenreich foi tema de mais dois trabalhos, que enfocaram o atleta – considerado o primeiro grande ídolo desportivo brasileiro – e seu percurso tortuoso das várzeas ao aristocrático Clube Paulistano, das ruas da cidade de São Paulo à seleção brasileira, sem deixar de mencionar os casos de racismo que El Tigre tentou driblar ao longo da vida (Gonçalves Júnior, 2008; Duarte, 2012).

No ano de 2018, três novos estudos de conotação biográfica vieram a lume. Lívia Maria Tiede cruzou fontes diversas para remontar, no recorte temporal de 1900 a 1932, os passos da vida de Frederico Baptista de Souza (1875-1960), um ativo intelectual e militante negro paulistano (Tiede, 2018); Rafael Petry Trapp reconstituiu aspectos da vida e do pensamento de Eduardo de Oliveira e Oliveira (1924-80), sociólogo e ativista negro carioca radicado em São Paulo, onde cursou pós-graduação na USP, organizou exposições sobre o negro no Museu de Arte de São Paulo (Masp), lecionou na Universidade Federal de São Carlos (Ufscar) e se destacou, sobretudo na década de 1970, na demarcação dos fundamentos intelectuais das lutas políticas afro-brasileiras (Trapp, 2018); Lúcia Helena Silva entabulou uma reflexão em torno da autobiografia de Benedito Evangelista (1903-2000), militante e intelectual negro de Campinas (Silva, 2018a).

No terreno da autobiografia – ou escrita de si, termo que caracteriza um texto em que o narrador se identifica explicitamente como autorreferencial –, um livro surpreendente é o de Neninho de Obaluaê, cognome de José Augusto Gonçalves da Silva. O autor, curiosamente, começa narrando o livro como se falasse de outra pessoa. Aos poucos, assume ser o narrador negro que conta e passa em revista a própria vida. Neninho nasceu em Santos, em 1948, mas ainda em tenra idade se transferiu para a capital paulista. Morou com uma família nordestina até aos 12 anos, vivendo de forma paupérrima na Cidade Líder, um distrito então pertencente a Itaquera, bairro periférico da zona Leste da cidade. Cedo percebeu que a cor da pele era um marcador que gerava desigualdades: as pessoas e famílias de pele mais clara tendiam a ter mais condições de sobrevivência do que aquelas de pele mais escura. Enquanto estas "viam-se simplesmente escorraçadas, por qualquer motivo, e tratadas com grande desconfiança e desdém", aquelas recebiam "outro tratamento e privilégios. Sempre tratadas com mais parcimônia e de forma mais cordial". "Ah, é que vocês descendem de escravos", era a explicação que Neninho mais ouvia na época (Obaluaê, 1999, p. 15). Em 1960, foi morar com a mãe no bairro da Consolação, região central da cidade, a fim de terminar os estudos. Quando adolescente, conheceu as drogas, ingressou em escola de samba no bairro do Bixiga e passou a colecionar episódios em que sentiu na pele as agruras do racismo. Em 1966, aos 18 anos, amasiou-se com uma moça; dois anos depois, quando já não morava com ela, nasceu o primeiro filho. No ano de 1973, aos 25 anos, Neninho foi conduzido coercitivamente a um distrito policial. Lá descobriu que um preso o acusara de ter sido seu cúmplice num assalto. Desconfiou daquela acusação, até que, na cela, descobriu o que ocorrera. O preso confessou que, após apanhar muito dos policiais, estes o obrigaram a delatar Neninho. Tudo não teria passado de uma tramoia policial. Neninho negou sua participação no assalto e foi liberado da delegacia, mas não do inquérito nem da ação judicial. Condenado à revelia, foi preso e encaminhado ao Carandiru, a Casa de Detenção de São Paulo. Ali começou seu calvário nas prisões, inclusive as de segurança máxima. Foram cerca de 14 anos (em diferentes ocasiões e lugares, de São Paulo e do Paraná) vendo o "sol nascer quadrado".

No Carandiru, Neninho reuniu-se com outros encarcerados negros para formar o Centro de Luta Netos de Zumbi, do qual foi escolhido coordenador. Em reuniões semanais, os integrantes do centro discutiam o problema das discriminações raciais, dentro e fora do presídio. A partir desse trabalho de base, Neninho estabeleceu conexão com um grupo de ativistas negros que editava o jornal *Árvore das Palavras*, um órgão informativo no qual passou a assinar a coluna "Vozes de Prisão". O centro, sob sua coordenação, foi um dos embriões do Movimento Unificado contra a Discriminação Racial (nome posteriormente encurtado para Movimento Negro Unificado, MNU), que surgiu em 18 de junho de 1978.

Enquanto cumpria a pena, Neninho frequentou sessões de umbanda, praticou capoeira e realizou um trabalho em defesa dos direitos humanos dos encarcerados. Para tanto, correspondia-se com alguns políticos, como a deputada estadual Ruth Escobar e o deputado federal Abdias Nascimento. Com o tempo, Neninho sentiu-se abandonado pelo MNU, embora o apoio aos detentos fizesse parte do programa de ação da entidade. Quando foi posto em liberdade, já pai de dois filhos, decidiu romper em definitivo com o MNU. Resolveu, então, criar o Centro de Resistência Negra Quilombo dos Palmares. O novo centro, entretanto, não prosperou. Afinal, Neninho enfrentava uma série de dificuldades de reinserção social. Se não bastasse o estigma de ex-presidiário – que lhe causava problemas para conseguir emprego e mesmo imóvel para locar –, ele passou a ser acossado sem tréguas pela polícia. Aderiu à União de Negros pela Igualdade (Unegro) em 1995, incorporando-se ao coletivo de apoio ao mandato de Vital Nolasco (PCdoB), considerado o único edil negro daquela legislatura na cidade de São Paulo. Não tardou e Neninho também se desvencilhou do vereador. A partir de então, deu continuidade a sua luta, denunciando, especialmente, as mazelas do sistema penitenciário e o chamado "genocídio do povo negro" (Obaluaê, 1999).

Essa autobiografia é importante sob vários aspectos. Evidencia, a partir de uma sucessão de episódios lastimosos, como nem sempre o que é lei é cumprido no sistema penitenciário. Uma série de direitos de Neninho e outros detentos eram violados arbitrariamente. As cenas macabras de espancamentos, torturas e mortes nos presídios, os esquemas sinistros de corrupção dos agentes penitenciários (desde os responsáveis pela guarda da cela até os gestores), os códigos inescrupulosos de sobrevivência dos encarcerados e o descaso do poder judiciário em relação aos que têm a pena vencida são narrados com a verve de quem se viu num labirinto de injustiças e crueldades – num beco sem saída.

O livro também é importante porque reverbera aspectos de uma "história vista de baixo". A ditadura militar (1964-85), entre outros acontecimentos e personagens da história do Brasil contemporâneo, é apreendida pelas lentes de um negro da base da sociedade, o que permite captar ações humanas e significados novos ou que costumam passar despercebidos nas versões cristalizadas da historiografia. "A ditadura de 1964 evidenciou o tratamento que a comunidade afro-brasileira recebia, tratamento esse até então camuflado", conta Neninho. "A partir do Golpe, tudo tinha um caráter explícito; se para reprimir a oposição política, branca, foram criados órgãos específicos, para reprimir o negro foram criados Esquadrões da Morte" (Obaluaê, 1999, p. 49). Essa autobiografia ainda se distingue porque demonstra como o racismo se fazia presente na vida cotidiana dos paulistas, incidindo até mesmo nas relações entre as pessoas das classes populares. Tratava-se de um racismo nada cordial, porém silenciado no âmbito da sociedade civil e do poder público. O testemunho de Neninho serve para apontar não só as falhas do "sistema", mas também as maneiras como este oprime o negro. Eis uma escrita de si lancinante, cujo leitor não consegue ficar indiferente.

As obras biográficas produzidas até o momento são promissoras; isso não significa que estejam isentas de problemas. Para se ter uma medida, vale a pena se debruçar sobre dois casos concretos. O primeiro é o trabalho do jornalista Bruno Ribeiro, que traçou a biografia de Helenira Resende, uma importante liderança do movimento estudantil na época da ditadura militar. Nascida no município de Cerqueira César em 1944, logo cedo se transferiu para Assis, então uma pequena cidade do interior paulista. Filha de Adalberto de Assis Nazareth – um negro comunista, espírita e médico, provavelmente o primeiro "de cor" a exercer essa profissão naquela cidade – e Euthália Rezende de Souza, a precoce Helenira sobressaiu-se nos estudos e nas práticas desportivas, especialmente no basquete. Magra, alta e rápida, integrou a seleção de basquete da região da Alta Sorocabana. Prematuramente, essa afro-paulista se dedicou aos estudos da teoria marxista, o que a inspirou a fundar o grêmio estudantil do colégio e tornar-se sua primeira presidente. Aderiu ao Partido Comunista do Brasil (PCdoB) e passou a realizar uma série de tarefas políticas, como a distribuição do jornal *A Classe Operária*, em Santos, onde o partido buscava arregimentar novos militantes. Ingressou no curso de letras da Faculdade de Filosofia, Letras e Ciências Humanas da USP, localizada na célebre rua Maria Antônia. Afora abraçar a causa política e estudar letras, Helenira ministrava aulas de português em duas escolas da rede estadual: uma no Jardim Japão, bairro da zona Norte da capital, e outra em Guarulhos, na Grande São Paulo.

Dotada de espírito de liderança e oratória admiráveis, foi eleita, aos 24 anos, vice-presidente da União Nacional dos Estudantes (UNE). Isso em 1968, ano em que a ditadura militar descambava para a fase mais draconiana. Foi fichada pelos órgãos de repressão em 1967 e, no ano seguinte, presa quando participava do 30º Congresso da UNE, em Ibiúna, junto com oitocentos estudantes (entre os quais José Dirceu, Luís Travassos, Antônio Ribas e Vladimir Palmeira). Na ocasião, recebeu o tratamento que os militares julgavam adequado às lideranças estudantis: foi interrogada, humilhada com palavrões machistas e torturada pelo famigerado delegado Sérgio Paranhos Fleury, nas dependências do Dops. Depois de dois meses detida no Presídio de Mulheres do Carandiru, conseguiu um *habeas corpus* um dia antes da promulgação do AI-5, ato institucional que levou o regime ditatorial a seu extremo. Decidiu, então, homiziar-se e viver na clandestinidade. Alimentando o sonho da revolução socialista, aderiu à luta armada, na frente de combate escolhida pelo partido: a região do Araguaia, próxima das matas da Amazônia no sul do Pará e parte do Maranhão e de Goiás (no atual Tocantins). Helenira foi uma das primeiras militantes a chegar à região, por volta de 1969. Segundo seu biógrafo, ela possuía quase todas as qualidades de um bom guerrilheiro: "Resistência física de atleta, base teórica sólida adquirida no marxismo, liderança nata e um amor desinteressado pelo próximo que era sua marca registrada" (Ribeiro, 2007, p. 29). Mas essas qualidades não foram suficientes para evitar que as forças de repressão liquidassem a "guerrilha do Araguaia", como ficou conhecida. Logo no início das escaramuças, em 1972, Helenira foi assassinada com golpes de baioneta na cabeça, depois de ser torturada. Suspeita-se que seu corpo foi embalado em saco plástico e levado para a região de Oito Barracas, onde teria sido enterrado em uma vala comum. Fato é que, por enquanto, seus restos mortais continuam desaparecidos.

O livro de Bruno Ribeiro é profícuo, na medida em que apresenta indícios para descortinar uma temática insólita: o protagonismo das mulheres negras nas lides do movimento estudantil, das organizações da esquerda revolucionária e da resistência armada à ditadura militar. Entrementes, a abordagem do autor é, no mínimo, problemática – Helenira é tratada como uma "verdadeira heroína do povo" (Ribeiro, 2007, p. 10)[61]. E, como os heróis costumam ser "bonzinhos", sempre coerentes e responsáveis por feitos extraordinários e quase sobre-humanos, sua biografia é por vezes idealizada, romantizada e mistificada, sem contar que o autor incorre em ilações maniqueístas quixotescas. As tendências biográficas hodiernas rejeitam narrativas apologéticas, hagiográficas ou simplificadoras; não procuram retratar o biografado como ser perfeito e exemplo a ser seguido. Em vez disso, propõem uma investigação que busque recuperar o "drama da liberdade" dos sujeitos, suas incertezas, possibilidades e incoerências, elaborando a narrativa na tensão entre as escolhas individuais e os constrangimentos do contexto[62]. Outro problema do livro refere-se ao silêncio em torno da questão racial. Bruno Ribeiro discorre sobre as diversas identidades da protagonista da trama – a política, a acadêmica, a profissional e de gênero –, contudo deixa de lado sua identidade racial. Eis o único trecho em que o autor evoca a condição afro-brasileira de Helenira: "Para os colegas de faculdade era Preta (um apelido que fazia referência ao seu tom de pele, pois ela era mulata)" (Ribeiro, 2007, p. 21). A não ser nessa passagem fugaz, impera na obra o silêncio a respeito da identidade racial da protagonista, de modo que não se fica sabendo que significado ela conferia a sua origem afro-descendente nem como lidava com a questão racial. Isso é lamentável, pois as diversas identidades da estrutura existencial de Helenira não eram dissociadas, mas se articulavam e decerto repercutiram, em maior ou menor grau, em sua vida e em sua maneira de pensar, sentir e agir.

Em certa medida, alguns desses problemas se reproduzem no livro de José Carlos de Campos Sobrinho sobre João de Camargo, um famoso

---

[61] Em carta póstuma escrita para Helenira e anexada ao fim da obra, o autor volta a defini-la como heroína: "Quando as balas da ditadura vararam teu coração, estavas na flor da idade. Na poética definição de um camponês que lhe [sic] conheceu na luta, eras a 'flor da subversão na boniteza'. Deixastes [sic] de ser uma estudante paulista para virar heroína nacional na selva do Araguaia" (Ribeiro, 2007, p. 71).

[62] Para um debate sobre as novas tendências no gênero biográfico, ver Sabina Loriga (1998), Giovanni Levi (2002) e Pierre Bourdieu (2002).

líder religioso de Sorocaba, no interior paulista. Nascido na fazenda dos Camargo Barros, "nos Cocaes", em 1858, era filho da escrava Francisca e de pai incógnito. Como a mãe, João foi escravizado, condição em que permaneceu até a Abolição. No fim do século XIX, deixou Sorocaba com Escolástica, sua esposa, para tentar a sorte em Salto de Pirapora. Ali trabalharam na lavoura, mas, em consequência das incompatibilidades surgidas na convivência matrimonial, separaram-se, "talvez até mesmo por causa do vício na aguardente, que João não conseguia abandonar". Voltou a morar em Sorocaba, passando a viver de ofícios braçais aqui e acolá; foi jornaleiro na lavoura de sítios das redondezas, trabalhou como oleiro, fazendo telhas e tijolos. Ao mesmo tempo, levava sua vida de homem voltado ao misticismo, até que, certa noite em 1906, depois de ter uma visão aos pés de uma cruz, transformou-se radicalmente. Construiu uma capela e se tornou um líder místico carismático, com alegados poderes mágicos, mediúnicos e paranormais. Dizia-se predestinado a cumprir missões espirituais e a ajudar as pessoas; fez várias curas e solucionou desavenças matrimoniais, problemas familiares, afetivos, profissionais e de desemprego de alguns de seus fiéis, além de dar aconselhamentos e elucidar o desaparecimento de pessoas e animais. Misto de babalorixá, curandeiro, guru e sacerdote, criou um culto que se expandiu rapidamente. O culto consistia em práticas de cura, cerimônias religiosas híbridas – agregando aspectos das religiões de matriz africana[63], do catolicismo e, secundariamente, dos ritos espíritas e indígenas – e comemorações de determinadas

---

63 "É perfeitamente possível perceber [no culto de João de Camargo] as influências vindas da África, que aparecem semiescondidas em cada pedra da capela, em cada imagem de santo, nos seus nomes e ritos, em cada detalhe do culto, nos trabalhos de cura, no culto aos mortos, na Calunga angolana, na umbanda, no culto de Omolu, no respeito a Rongondongo, mais que boa rima para o Lindongo da umbanda carioca, outro nome para o mesmo São Benedito. A fonte negra já trazia da África uma matriz forte do culto aos antepassados, originado do culto às entidades espirituais familiares. No princípio, essas entidades não eram mais que deuses familiares e grupais, antepassados que tinham adquirido importância e notoriedade maior e, à medida que essas famílias e grupos tinham mais poder e os cultuavam mais, redundaram no culto dos orixás e inquices" (Campos Sobrinho, 1999, p. 227).

festas do calendário religioso popular ligado à "Igreja negra e misteriosa", como ele a chamou em seu primeiro sermão. Sua fama se estendeu pela cidade, espalhou-se pela região e ultrapassou as fronteiras do estado e do país. Incomodados com a fama do ex-escravo "milagreiro", a elite local e os dirigentes da Igreja Católica adotaram uma postura de intolerância. Por conseguinte, João de Camargo foi preso algumas vezes, sob a acusação de curandeirismo, e submetido a julgamento pelo Tribunal de Justiça do Estado, em 1913 – ocasião em que foi absolvido pelo corpo de jurados.

Nos dias em que não havia atendimento aos fiéis, o "papa negro de Sorocaba", como foi designado por um crível veículo da imprensa carioca, aproveitava para viajar pelo estado. Dirigia-se a Santos, com o intuito de promover o culto da Calunga e trazer as pedras de seu culto de Omolu. Em São Paulo cumpria obrigações religiosas católicas, junto ao Santuário do Sagrado Coração de Jesus. Da mesma maneira, viajava a Campinas a fim de honrar seus preceitos ligados à fé romana. Andava, ainda, "pela região de Sorocaba, para cumprir sua missão religiosa de instalação de sua 'igreja', pois tinha como meta, no final de seu ministério, visitar quarenta paróquias para disseminar seu culto" (Campos Sobrinho, 1999, p. 222). Relacionou-se com um vasto universo político e cultural de seu tempo, e colaborou com a "equilibração pessoal e familiar" dos mais humildes, muitos dos quais negros e ex-escravos como ele. João de Camargo morreu em 1942, com mais de 80 anos de idade. Seu enterro reuniu milhares de devotos, admiradores e curiosos. Houve quem não acreditasse em sua morte e esperasse para dali a alguns dias a ressurreição[64].

A obra de José Carlos de Campos Sobrinho traz novos subsídios para compor as diversas peças do quebra-cabeça biográfico desse líder

---

64 Depois de sua morte, João de Camargo vem sendo evocado em verso e prosa por escritores, artistas, jornalistas e pesquisadores. Sua história já foi recitada em poemas, cantada em tema carnavalesco, encenada e musicada em peças teatrais, filmada e levada às telas do cinema e debatida por intelectuais de várias áreas. Antes de José Carlos de Campos Sobrinho, o "papa negro de Sorocaba" mereceu estudo de Florestan Fernandes (1951), que, por seu turno, auxiliou Roger Bastide (1971) em compêndio sobre o nascimento das religiões afro-brasileiras.

religioso afro-paulista. Todavia, o autor peca ao optar por uma abordagem celebratória. Que o "papa negro de Sorocaba" foi uma figura mitificada por seus fiéis é indiscutível, porém não tem pertinência a seu biógrafo endossar esse discurso de virtudes, laudatório e sacralizador[65]. O itinerário de João de Camargo é reconstruído de forma linear, unilateral ou predeterminada desde o início. No entanto, os sujeitos são mutantes, ambivalentes e multifacetados. Suas vidas não seguem caminhos retilíneos, unidirecionais, tampouco são previamente determinadas por um suposto destino. O desafio do pesquisador é apreender os indivíduos em seu tornar-se ou fazer-se ao longo do tempo, uma vez que suas trajetórias são influenciadas tanto pelas pressões dos sistemas normativos como pelos contraditórios fios de um destino pessoal – dúvidas, escolhas, ambiguidades e hesitações quanto ao futuro, sem falar do contingencial, daquilo que ocorre de maneira imprevista. A experiência histórica de João de Camargo pode servir de mote para refletir a respeito das venturas e desventuras da população da diáspora africana em São Paulo. Para frações dessa

---

[65] Em mais de um momento da obra, o ex-escravo "milagreiro" é santificado pelo biógrafo: "A vida de João de Camargo, sua experiência mística e suas obras fazem dele um demiurgo, que, de fato, pode ser comparado, sob muitos aspectos, à figura de um Moisés, defronte à sarça ardente que não se consumia; a um apóstolo Paulo, quando ainda Saulo, cego e perplexo, no caminho de Damasco; a um São Bento, meditando por anos seguidos em beatitude e prece, em seu retiro simples, na caverna de Subiaco; a um São Benedito, humilde ex-escravo muçulmano, iletrado, que tinha o dom de operar milagres; a uma Santa Ifigênia, virgem mártir negra da Etiópia, que também operava milagres pelas irmandades negras; a um São Francisco de Assis, santo da pobreza e da mensagem do bem e da paz, ouvindo a voz da Cruz, ordenando para que desse amparo à sua Igreja Católica; a um Santo Antônio de Pádua, de extraordinários dons de pregador, capaz de se transportar em espírito para lugares distantes; a um Rajneesh, mestre do não pensar, iniciador de uma religião quase planetária; a um Joseph Smith Jr., que desenterrou profecias inscritas em placas de ouro, acabando por criar o mormonismo; a um Handsome Lake, índio norte-americano marginalizado, fundador de uma seita renovadora para seu povo sêneca. Nessa linha, tantos outros santos podem ser com ele comparados, tantos quantos procurarmos, nas incontáveis histórias dos diversos povos, em diferentes épocas e lugares" (Campos Sobrinho, 1999, p. 18).

Tendências historiográficas

população, a religiosidade assumia um papel axial em sua maneira de ser e se relacionar com a vida, na medida em que a ela se atribuíam valores fundamentais de sua cosmovisão e ancestralidade[66].

2 Mulheres negras em cena

Outra tendência da produção historiográfica contemporânea são os estudos sobre as relações de gênero. Como os marcadores "raça" e "gênero" operaram concreta e combinadamente na vida cotidiana, nas escolhas e nas possibilidades das mulheres negras? Ou, em outras palavras, como essas mulheres atribuíram significados e negociaram as questões de "raça" e "gênero"? Embora vivessem numa sociedade em que as relações de gênero eram plasmadas em termos de dominação/subordinação[67], frações das "mulheres de cor" desenvolveram uma atitude proativa, cavaram espaços próprios e assumiram (ou tentaram assumir) uma posição de autonomia. Ao estudar a ação feminina "na transição do trabalho escravo para o trabalho livre" no Brasil e em Cuba, Camillia Cowling trouxe à tona "a especificidade

---

66 Sobre as crenças religiosas de matrizes afro-brasileiras e as práticas mágico-religiosas sincretizadas que configuraram as tradições culturais na tumultuária "metrópole do café" do período pós-abolicionista, ver Dalmo de Mattos (1938), Roger Bastide (1973), Maria Cristina Wissenbach (1997) e Paulo Koguruma (2001). Já para a formação da umbanda e do candomblé em São Paulo, consultar Lísias Nogueira Negrão (1996) e Reginaldo Prandi (1991), sobre a primeira, e Vagner Gonçalves da Silva (1995), a respeito do segundo.

67 Os impedimentos motivados pela questão de gênero eram de várias ordens. Em Campinas, a Liga Humanitária dos Homens de Cor não permitia, nas primeiras décadas do século XX, a afiliação de mulheres (Nomelini, 2007, p. 95). Já os cordões carnavalescos de São Paulo somente passaram a contar com mulheres em seus desfiles em 1921. Mesmo assim, a resistência persistiu por parte de algumas famílias negras, cabendo aos dirigentes dos cordões a tarefa de convencer os pais a autorizarem suas filhas a desfilar no folguedo (Britto, 1986, p. 97). No Vai-Vai, surgido em 1930, as mulheres não saíram no primeiro ano, mas no segundo já estavam presentes. Conforme nota Simson, "o talento, a competência e o entusiasmo das mulheres parecem ter orientado a definição de seus papéis dentro do desfile carnavalesco, compensando um certo machismo dos dirigentes, que dificultou, a princípio, a integração de mulheres ao folguedo" (Simson, 2007, p. 179).

da experiência material de mulheres de cor, a qual se distinguiu claramente daquela de homens de cor ou de mulheres brancas". Mesmo assim, assevera a historiadora inglesa, essa temática "ocupa um lugar marginalizado em estudos sobre o fim da escravidão em ambos os países". Qual era a noção feminina de liberdade e o que as mulheres esperavam alcançar com ela? Se o conceito de liberdade para os homens estava ligado "ao controle de seus corpos e de sua família, o que era diferente na percepção das mulheres? Se quisermos melhorar nosso entendimento da dinâmica social de sociedades em transição, precisamos levar em consideração o fator do gênero".

As mulheres teriam ocupado um espaço mais ambíguo em discursos emaranhados de noções de gênero. Para entender densamente, pois, as dinâmicas de inclusão e exclusão presentes na "construção de uma nação, e como estas afetaram a vida e as opções de diferentes grupos e indivíduos, necessitaremos de uma história que examine especificamente a maneira pela qual gênero, assim como raça, permearam discursos de poder" (Cowling, 2006, p. 154, 173 e 175). Embora circunscritas ao contexto da Abolição, as assertivas de Cowling são inspiradoras para examinar a condição das mulheres afro-paulistas no recorte temporal ulterior.

Em 2013, Lorena Féres Telles publicou um livro sobre mulheres negras e trabalho doméstico em São Paulo de 1880 a 1920. Suas páginas capturam o ramerrão das múltiplas atividades que elas desempenhavam – a cozinha, a lavagem e o engomado das roupas, a limpeza da casa, o cuidado e o aleitamento de crianças –, num trânsito entre as ruas, as várzeas dos rios e o tenso ambiente das casas. Importou reconstituir, segundo a autora, os comportamentos e as práticas sociais que conformaram as singularidades e as peculiaridades do dia a dia, "dos modos de pensar e agir dessas mulheres que viveram em comum a pobreza e os preconceitos de cor e de sexo, e que, a despeito disso, foram agentes de si e da história de sua época" (Telles, 2013, p. 35).

O livro de Telles mostra inúmeras histórias de vida de mulheres negras, muitas delas ex-escravas, que, na condição de lavadeiras, engomadeiras, quitandeiras, amas de leite e cozinheiras, lutavam contra as estratégias de dominação infiltradas nos contratos de serviços domésticos. Opondo-se a essas formas de dominação, elas mudavam amiúde de emprego para se livrar de estupros, assédios sexuais, salários baixos demais e jornada de trabalho abusiva, que remetia aos tempos da escravidão e da qual buscavam manter distância a qualquer custo. Das entrelinhas das fontes, pondera a autora, emergiram mulheres consideradas insolentes, desobedientes, provocadoras da desordem no seio da família e da discórdia entre os outros criados, abandonando sucessivamente seus patrões "por livre vontade", "para tratar de seus negócios", para visitar ou tratar doentes de suas famílias, "por questão de ordenado", "por exigir maior aluguel", "para juntar-se ao marido": imagens de "mulheres deserdadas com seus espaços de autonomia duramente conquistados, dissonantes do controle e da tutela escravista, que superaram cotidianamente para dar sentido às liberdades que ousaram não negociar" (Telles, 2013, p. 322).

Já Regina Pahim Pinto nota que a imprensa negra teve caráter eminentemente masculino. Do total de 244 colaboradores computados entre 1900 e 1937, apenas 15 eram mulheres. O sexo feminino também esteve ausente dos cargos de chefia. Apenas uma mulher integrou o corpo editorial do jornal *O Clarim* em 1935, exercendo a função de redatora (Pinto, 1993b, p. 64)[68]. Quanto às associações negras de São Paulo, algumas eram formadas estritamente por mulheres, como a Sociedade Beneficente Arte Culinária, enquanto outras instituíram uma seção feminina, como a Sociedade 15 de Novembro, que "mantinha uma diretoria de damas" (Pinto, 1993b, p. 75)[69].

Paula Christina Bin Nomelini observou que as mulheres das associações recreativas de Campinas, inclusive as de negros, como a União da Juventude, atuavam quer nas comissões, em vista de arrecadar prendas,

---

[68] Para uma discussão sobre o papel feminino na imprensa negra, consultar tanto a seção "O lugar da mulher na imprensa negra paulistana" do trabalho de Marina Pereira de Mello (2005) como o artigo de Giovana Xavier Côrtes (2012) a respeito das representações que os jornalistas do *Menelik* faziam das mulheres negras.

[69] José Correia Leite se recorda das características dos clubes da comunidade negra em São Paulo nas primeiras décadas do século XX. Eram "clubes que tinham sede própria e promoviam festas". Um deles era o das "Margaridas, umas moças que andavam sempre juntas" (Leite, 1992, p. 26). Esse relato de Leite é, sem dúvida, importante porque confirma a existência de associações formadas exclusivamente por mulheres negras. Sobre a participação feminina na Frente Negra Brasileira, ver Petrônio Domingues (2007a).

quer na organização de bailes, quermesses e peças teatrais, chegando a recitar poemas e discursar em assembleias gerais (Nomelini, 2007). Em pesquisa sobre as pândegas de Momo, Zélia Lopes da Silva indicou a presença "marcante" da mulher negra no Carnaval de rua paulistano, incorporando-se aos "cordões existentes, como foi o caso do G. C. Barra Funda, que tinha a ala das amadoras desde 1922". Nesses blocos carnavalescos, elas animavam festas, disputavam concursos de fantasia e "inauguraram a função de porta-estandarte, posteriormente porta-bandeira, nos seus desfiles oficiais" (Silva, 2008b, p. 220)[70]. No início da década de 1930, um grupo de mulheres negras organizou o Baianas Paulistas – também chamado de Baianas Teimosas –, o primeiro cordão de São Paulo a desfilar tocando samba. Embora não houvesse uma "linha de gênero" rigorosa, os homens nele eram minoria. A agremiação causou algum impacto, conquistou adeptos e, em 1937, deu origem à Lavapés, a mais antiga escola de samba da cidade (Moraes, 1978, pp. 51-2).

Não só as mulheres cumpriram um papel propositivo nos movimentos sociais e culturais das "pessoas de cor" como algumas delas, numa etapa mais contemporânea, desfraldaram a bandeira do "feminismo negro", passaram a mourejar nas agências governamentais e emplacaram diferentes níveis de participação na sociedade, tendo em vista suas demandas e pautas específicas (Carneiro e Santos, 1985; Carneiro, 1996; Schumaher e Vital Brazil, 2007)[71]. Destacaram-se na vanguarda: Laudelina de Campos Melo (1904-91), por ter sido uma das primeiras líderes sindicais das domésticas, criando ou contribuindo para a criação de várias associações de classe nas cidades de Santos, São Paulo e Campinas, a partir da década de 1930;

---

70 Em artigo recente, Zélia da Silva voltou a analisar as "folionas afrodescendentes e seus percalços" nos folguedos carnavalescos na cidade de São Paulo, apontando as limitações dos registros memoriais e da historiografia que, a seu ver, transversalmente exploraram o papel dessas mulheres nos folguedos. Seu artigo percorre o período desde 1921, data inicial da aparição de mulheres negras em um "cordão carnavalesco", até o ano de 1967, data de encerramento dos carnavais "não oficiais" em São Paulo (Silva, 2018c).
71 A respeito do protagonismo de um grupo de mulheres negras em recorte temporal mais contemporâneo, ver Luciana Mendonça (1993).

Tendências historiográficas

Carolina Maria de Jesus (1914-77), que, com uma obra literária – *Quarto de despejo* – ambientada no cotidiano angustiante da favela onde viveu em São Paulo, somente ela com três filhos, obteve notável sucesso editorial, sendo traduzida para 13 idiomas e publicada em mais de quarenta países; Virgínia Leone Bicudo (1910-2003), por ter sido, como já sublinhado, uma das primeiras psicanalistas brasileiras de proa e cofundadora da seção paulista da Sociedade Brasileira de Psicanálise; Theodosina Rosário Ribeiro (1930-), primeira negra a se eleger vereadora na capital, no ano de 1968, e deputada estadual paulista, em 1970; Iracema de Almeida (1921-2004), ativista ligada ao Grupo de Trabalho de Profissionais Liberais e Universitários Negros de São Paulo (GTPlun), criado em 1972, por ter sido uma das primeiras médicas a se dedicar ao estudo e ao tratamento da anemia falciforme, uma doença que atinge principalmente a população negra[72]. Dessa nominata, apenas Laudelina de Campos Mello (Pinto, 1993a), Carolina de Jesus (Meihy, 2004; Meihy e Levine, 1994; Castro e Machado, 2007; Silva, 2008a[73]; Santos, 2009;

---

[72] A importância das mulheres na história do protagonismo negro no pós-abolição ainda não foi devidamente aquilatada. Para corrigir essa falha, é inevitável a mudança de olhar do pesquisador, o despertar de uma nova sensibilidade, o que implica incluir a categoria de relações de gênero na identificação de novos problemas ou na visualização de velhos problemas sob novas bases. Como postula E. P. Thompson, "à medida que alguns atores principais da história – políticos, pensadores, empresário, generais – retiram-se da nossa atenção, um imenso elenco de suporte, que supúnhamos ser composto de simples figurantes, força sua entrada em cena". Se nos preocuparmos apenas com o plano dos resultados, "então há períodos históricos inteiros em que um sexo foi negligenciado pelo historiador, pois as mulheres são raramente vistas como atores de primeira ordem na vida política, militar ou mesmo econômica". Se nos interessarmos pelo processo, "então a exclusão das mulheres reduziria a história à futilidade" (Thompson, 2001, p. 234).

[73] Gomes da Silva versa sobre a produção da escritora Carolina de Jesus à luz dos discursos sobre *negritude* em voga nos anos 1960 e do campo da literatura afro-brasileira. Tomando por base os textos literários veiculados na imprensa negra, bem como as relações ambíguas estabelecidas por Carolina de Jesus com os poetas e escritores negros, o autor conclui que "os escritos *carolinanos* desfrutam de relativa autonomia em face à literatura dominante e afro-brasileira, mas nem por isso constituem uma fala historicamente deslocada, ao contrário, trata-se de expressão forte das vozes marginalizadas, entre as quais se incluíam os negros e os migrantes recém-chegados à cidade de São Paulo em meados do século XX" (Silva, 2008a, p. 59).

Silva, 2010) e Virgínia Leone Bicudo (Abrão, 2010; Gomes, 2013) já se tornaram personagens centrais de pesquisas acadêmicas.

Madrinha Eunice é outra mulher negra que chama atenção por apresentar espírito disruptivo, capacidade de liderança, comportamento transgressor e audácia em seu ativismo cultural. Vagner Silva *et al.* (2004) assinalam que, não satisfeita em comandar a escola de samba Lavapés desde o final da década de 1930, ela fundou e presidiu um time de futebol, o Lavapés Futebol Clube, a partir de 1942. Como teria ela conseguido ser respeitada e reconhecida nessas duas áreas de atuação, numa época em que não era "comum um time de futebol, ou mesmo uma agremiação carnavalesca, ter como dirigente uma mulher"? Ou, ainda, como uma matriarca num ambiente "extremamente machista abriu alas para a presença das mulheres em posição de liderança e comando nas associações carnavalescas"? Eis uma questão que ainda não foi respondida convincentemente.

3 Memória do cativeiro e história oral

Outra tendência contemporânea são os estudos no campo da memória do cativeiro e da história oral. As entrevistas de histórias de vida e os relatos orais permitem recuperar aquilo que não encontramos em documentos de outra natureza. Possibilitam explorar novas temáticas e camadas do passado e conferem uma solução para dar voz aos grupos que, em geral, não deixaram registros escritos de suas experiências e formas de ver o mundo, assim como ensejam a existência de uma história "vinda de baixo". Trata-se de ampliar o conhecimento sobre fatos e conjunturas do passado mediante o estudo aprofundado de testemunhos e versões particulares; de procurar "compreender a sociedade através do indivíduo que nela viveu; de estabelecer relações entre o geral e o particular através da análise comparativa de diferentes versões e testemunhos" (Alberti, 2005, p. 19).

No caso específico das pessoas negras no pós-abolição, as pesquisas na arena da história oral permitem desvelar as formas como essas pessoas (re)organizaram sua vida, incluindo situações de negociação, conflito, resistência, acomodação e decisões estratégicas. Entender como as pessoas negras experimentaram o passado e a ele atribuíram significados torna possível questionar interpretações generalizantes de determinados acontecimentos, tramas e contextos, o que tende a mudar nossa percepção histórica. Como pondera Alessandro Portelli, talvez a história oral se diferencie principalmente por ser "aquela que nos conta menos sobre *eventos* que sobre *significados*". É a recuperação do vivido conforme concebido por quem viveu. Isso não implica que a história oral não tenha validade factual. Entrevistas "sempre revelam fatos desconhecidos ou aspectos desconhecidos de fatos conhecidos: elas sempre lançam nova luz sobre áreas inexploradas da vida diária das pessoas das classes não hegemônicas" (Portelli, 1997, p. 31). Ademais, a história oral pode ser útil para a reconstituição da história dessas pessoas no plano do cotidiano e da subjetividade – suas experiências pessoais, impressões particulares, esperanças, alegrias, tristezas, sonhos e fantasias.

Em 1987, um grupo de pesquisadores – sob a coordenação de Maria de Lourdes Mônaco Janotti e Suely Robles Reis de Queiroz, da Universidade de São Paulo – começou a registrar depoimentos orais de integrantes de famílias negras de diversas cidades do estado de São Paulo. Esse trabalho pioneiro resultou num acervo documental composto de 150 fitas cassete, acompanhadas das respectivas transcrições, dos cadernos de campo e dos relatórios de viagem, bem como de um conjunto de fichas e fotografias. Foram ouvidas 120 pessoas de 45 famílias, abrangendo, em cada caso, três gerações consecutivas[74]. Numa avaliação "preliminar" dos relatos, as autoras do projeto detectaram alguns eixos temáticos. Sobressaíram-se o cotidiano (onde o mundo do trabalho assumia grande importância), a organização familiar (uniões, nascimentos, perdas, separações, mobilidades, redefinições de papéis), os projetos de vida (incluindo os ideais, os exemplos e valores, as conquistas e os fracassos) e a omissão ou a presença da memória de um passado cativo, dissimuladas ou expressas na representação do imaginário da escravidão (Janotti e Queiroz, 1988; Janotti, 1988; Luca, 1988; Queiroz, 1988; Rosa,

---

74 Todo o material coletado do projeto Memórias da Escravidão em Famílias Negras de São Paulo está arquivado no Centro de Apoio à Pesquisa Histórica, junto ao Departamento de História da Universidade de São Paulo, à disposição para consulta.

1988a e 1988b). Diversos no que concerne à extensão, abrangência e profundidade, os depoimentos constituem uma fonte valiosa e podem subsidiar a compreensão da trajetória da população negra na quadra pós-escravista[75].

Em 1998, Teresinha Bernardo publicou um livro que reúne uma série de entrevistas realizadas com "velhas" e "velhos", tanto negros quanto brancos descendentes de italianos, residentes na cidade de São Paulo. Segundo Bernardo, as pessoas desses dois grupos partilharam os mesmos espaços: de trabalho, de festas, de futebol e de religião, comunicando-se e tornando-se interlocutores por excelência. Não obstante, nos meandros das relações que se entrelaçaram, o "negro, com frequência, foi preterido. Assim, suas trajetórias, apesar de se cruzarem, foram profundamente diferentes e marcadas pela desigualdade". Por meio dos depoimentos memorialísticos, argumenta a autora, foi possível encontrar a história e explicar um passado que realmente existiu, mas, sobretudo, "foi possível dar significado aos fatos que, muitas vezes, pareciam, à primeira vista, insignificantes" (Bernardo, 1998, pp. 13 e 169).

Nas duas últimas décadas, a história oral tornou-se quase uma "coqueluche" nas rodas acadêmicas. Sua metodologia foi empregada para pesquisar a vida de famílias negras (Callari, 1993) e de "solistas dissonantes" (Santhiago, 2009), as "lembranças de velhos" (Bosi, 1994, pp. 363-401), o itinerário, o tempo e o pensamento de carnavalescos (Simson, 2007; Braia, 2000), as experiências das mulheres negras no bairro do Bixiga das décadas de 1930 a 1950 (Santos, 1993) e a atuação dessas mulheres nas escolas de samba da capital (Silva, 2002). A oralidade ainda foi o recurso privilegiado para abordar as fainas dos afro-paulistas nas primeiras décadas do século XX (Ribeiro, 2003), a religiosidade dos devotos da Padroeira do Brasil (Santos, 2005), os dilemas identitários

---

75 Outro tipo de fonte que pode ser explorado criativamente para documentar a experiência histórica afro-paulista é a iconografia. Por meio do cotejamento das imagens, Carlos Ferreira dos Santos (1998) demonstrou que "nem tudo era italiano" no espaço urbano da "metrópole do café" nas primeiras décadas do século XX. Marcelo Manzatti, por sua vez, lançou luzes sobre a participação da população negra na festa de Bom Jesus de Pirapora na década de 1930 (Manzatti, 2005), e Olga von Simson descortinou a presença desse segmento populacional no Carnaval popular paulistano (Simson, 2007).

Tendências historiográficas

de um sujeito reportado pelo pseudônimo (Ferreira, 2000) e alguns aspectos dos movimentos culturais e sociais do meio afro-paulista (Souza, 1991; Silva, 1994; Reginaldo, 1995; Carvalho, 1996; Souza, 2010; Silva, 2011).

Apareceram também textos de memórias, ou seja, narrações de fatos realizadas por quem deles participou ou foi testemunha. É o caso do livro *Força negra: a luta pela autoestima de um povo*, de Luciana Maia. Publicada em 2010, a obra traça o perfil do movimento Black Power em São Paulo nas décadas de 1970 e 1980 a partir dos salões de beleza e dos cabeleireiros da rua 24 de Maio, no centro da cidade, e dos bailes da comunidade negra, organizados por equipes de som e discotequeiros (DJs). Rememora especialmente os salões do Gê – tido como precursor do corte *black power* na cidade e formador da maioria dos cabeleireiros especializados nele, inclusive o da autora da obra – e os bailes das equipes de som, que ajudaram a divulgar e positivar a música, o comportamento, a moda e a estética *black*. Os grandes bailes da equipe Chic Show, por exemplo, eram realizados uma vez por mês e geralmente contavam com a presença de artistas negros reputados, como Jorge Ben, Sandra de Sá, Tim Maia e Djavan, enquanto no telão instalado no salão eram exibidos videoclipes internacionais (de Jackson Five, Michael Jackson, Jimmy "Bo" Horne, Aretha Franklin, Marvin Gaye) que "faziam a cabeça" do público. "O movimento Black Power foi uma revolução silenciosa, ajudou o negro a erguer a cabeça e orgulhar-se de sua imagem. Foi mais que um movimento social, foi uma revolução nos costumes, na postura e na autoestima do povo negro", infere Maia (2010)[76].

Também já foram publicados alguns textos de memórias de ativistas (Aguiar, 1978; Oliveira, 1988[77]; Lucrécio, 1989; Leite, 1992; Barbosa, 1998;

---

76 A respeito da valorização dos padrões culturais e estéticos negros em São Paulo nesse período, ver também Clóvis Moura (1994, pp. 209-49).

77 O livro de Eduardo de Oliveira não é propriamente um texto de memórias. Os editores declaram, logo no início, que consiste no "resultado de artigos publicados na grande imprensa, nacional e estrangeira", registrando a intervenção do autor no "processo de luta incruenta do negro brasileiro em busca de melhores dias". No entanto, ao se fazer uma leitura atenta, observa-se que, além dos artigos, o livro reúne textos diversos: resenhas literárias, homenagens, entrevistas, documentos sobre a questão racial e vários discursos

Santos, 2008), muitos dos quais elevados à condição de mito; inventores de uma tradição e guardiões de uma memória que vem sendo contada e recontada como verdade absoluta para as novas gerações e chancelada, ocasionalmente, pelas pesquisas acadêmicas. Tomar depoimentos, *per se*, como verdade, sem submetê-los ao escrutínio da crítica das fontes, é um equívoco. Memória e história são domínios de conhecimento que ora se aproximam, ora se entrecruzam, conquanto não se confundam[78]. Embora se voltem igualmente ao passado, ambas o fazem de modos distintos. Pela definição clássica de Lucien Febvre, história é um estudo "cientificamente conduzido das diversas atividades e das diversas criações dos homens de outrora, tomados na sua data" (Febvre, 1989, p. 30). Ou, nos termos de Marc Bloch, história é a "ciência dos homens" e, mais precisamente, "dos homens no tempo" (Bloch, 1997, p. 89).

---

pronunciados por Eduardo de Oliveira. Estes últimos foram produzidos mormente entre 1959 e 1963, período em que essa liderança afro-paulista exerceu mandato na Câmara de Vereadores de São Paulo (Oliveira, 1988).

78 Pierre Nora apresenta uma longa (e elucidativa) distinção entre esses dois domínios de apreensão do passado: "Memória, história: longe de serem sinônimos, tomamos consciência [de] que tudo opõe uma à outra. A memória é a vida, sempre carregada por grupos vivos e, nesse sentido, ela está em permanente evolução, aberta à dialética da lembrança e do esquecimento, inconsciente de suas deformações sucessivas, vulnerável a todos os usos e manipulações, susceptível de longas latências e de repentinas revitalizações. A história é a reconstrução sempre problemática e incompleta do que não existe mais. A memória é um fenômeno sempre atual, um elo vivo no eterno presente; a história, uma representação do passado. Porque é efetiva e mágica, a memória não se acomoda a detalhes que o confortam; ela se alimenta de lembranças vagas, telescópicas, globais ou flutuantes, particulares ou simbólicas, sensível a todas as transferências, cenas, censura ou projeções. A história, porque operação intelectual e laicizante, demanda análise e discurso crítico. A memória instala a lembrança ao sagrado, a história a liberta, e a torna sempre prosaica. A memória emerge de uma grupo que ela une, o que quer dizer, como Halbwachs o fez, que há tantas memórias quantos grupos existem; que ela é, por natureza, múltipla e desacelerada, coletiva, plural e individualizada. A história, ao contrário, pertence a todos e a ninguém, o que dá uma vocação para o universal. A memória se enraíza no concreto, no espaço, no gesto, na imagem, no objeto. A história só se liga às continuidades temporais, às evoluções e às relações das coisas. A memória é um absoluto, e a história só conhece o relativo" (Nora, 1993, p. 9).

Tendências historiográficas

Por seu turno, a memória "é como mecanismo de registro e retenção, depósito de informações, conhecimento e experiências" (Meneses, 1992, p. 10); são as reminiscências do passado transportadas para o presente. Todavia, memória não é apenas um manancial de sobrevivências vestigiais. Ela é uma reflexão sobre o passado, um debruçar-se sobre esses vestígios para selecioná-los, negociá-los e atribuir-lhes sentido, não tanto ao passado como ao próprio presente. "Conforme as circunstâncias", pondera Michael Pollak, "ocorre a emergência de certas lembranças, a ênfase é dada a um ou outro aspecto", remetendo-se "sempre ao presente, deformando e reinterpretando o passado" (Pollak, 1989, pp. 8-9). Isso permeia a memória que se construiu, por exemplo, na órbita da Frente Negra Brasileira (FNB). Marcelo Orlando Ribeiro, um ex-ativista da organização, lembra-se de que "a Frente [Negra] nunca teve uma milícia porque se preocupou muito em criar uma confraternização entre negros, fossem eles de que parte fossem" (*apud* Barbosa, 1998, p. 90). No entanto, a FNB possuiu, sim, uma milícia. A postura de Marcelo Ribeiro talvez se devesse ao fato de seu depoimento ter sido dado num momento (década de 1990) em que os valores democráticos imperavam no Brasil. Assim, admitir que aquela organização negra se inspirava nos boinas-verdes do fascismo italiano seria politicamente incorreto.

Jacques Le Goff sustenta que há duas histórias, "a da memória coletiva e a dos historiadores. A primeira é essencialmente mítica, deformada, anacrônica". A tarefa da história é corrigir essa memória "falseada. A história deve esclarecer a memória e ajudá-la a retificar os seus erros" (Le Goff, 2003, p. 29). Daí Paul Ricœur se perguntar: história é "remédio ou veneno?" (Ricœur, 2007). Os vínculos entre história e memória podem ser pensados em dupla perspectiva. De um lado, a história produzida por especialistas enriquece as representações possíveis da memória, fornece símbolos, conceitos e instrumentos analíticos rigorosos para que um grupo pense a si mesmo em sua relação com o passado. Por outro lado, a história se volta regularmente contra as representações produzidas pela memória "espontânea" do grupo, destruindo seus suportes, atacando seus princípios, pressupostos e símbolos. Ao mesmo tempo que alimenta e renova a memória, "a história volta-se contra ela com todo o seu peso disciplinar, apontando as distorções, os exageros, os esquecimentos produzidos pelos interesses particulares que animam as memórias" do grupo (Guarinello, 1994, p. 181; Nora, 1993, p. 9).

Um exemplo das distorções (ou dos esquecimentos) da memória acerca da FNB pode ser detectado nos relatos de Aristide Barbosa, ex-ativista da organização. Ele conta que "a Frente Negra era única e respeitada por todos, assim é que em 1937 tinha candidato próprio. Naquela época, se não me engano, era o Raul Joviano do Amaral, bem jovem" (*apud* Barbosa, 1998, p. 22). Em 1937, não houve eleições no Brasil e a FNB jamais participou oficialmente de um pleito, embora tenha sido registrada como partido político, em 1936.

Não é raro que relatos de memória padeçam de anacronismo, tendência dos sujeitos de transpor as categorias de pensamento, sentimento e linguagem do presente para contextos históricos em que elas não têm o mesmo significado ou nenhum significado. Ao rememorar os posicionamentos políticos da FNB, Francisco Lucrécio – outro ex-ativista – declarou que a agremiação "não podia ser socialista, também não era capitalista, nem podia defender o capitalismo; a ideologia era a da negritude" (*apud* Barbosa, 1998, p. 45). Ora, a FNB existiu na década de 1930, e o movimento negro brasileiro só começou a esposar a ideologia da *négritude* francesa algum tempo depois, entre o fim da década de 1940 e o início da de 1950 (Ferreira, 2006; Barbosa, 2013). Fica patente, portanto, que é inadequado avaliar o passado pelo olhar e por valores ideológicos do presente; em outras palavras, não é prudente examinar o protagonismo dos afro-paulistas baseando-se tão somente na memória desses sujeitos. A memória é seletiva. E, tal como o passado não é a história, e sim o objeto dela, "também a memória não é a história, mas um dos seus objetos e simultaneamente um nível elementar de elaboração histórica" (Le Goff, 2003, p. 49).

Seja como for, pesquisas no campo da memória e do legado do cativeiro têm adquirido vitalidade nas últimas décadas[79]. Partindo da premissa de que o patrimônio cultural gestado pela diáspora africana se faz

---

[79] A memória do cativeiro fez parte, direta ou obliquamente, da vida de muitos afro--paulistas. No fim da década de 1970, Renato da Silva Queiroz desenvolveu um estudo

presente em São Paulo, os estudiosos têm-se voltado ao resgate e à divulgação da memória pública do pós-abolição, com pesquisas que abordam o negro e suas formas de representação em museus, arquivos e centros de memória; como tema de eventos históricos, festivais, exposições, filmes, documentários, efemérides (como o 20 de Novembro, Dia Nacional da Consciência Negra) e monumentos. Exemplos disso são o artigo de Petrônio Domingues (2011) a respeito das comemorações do 13 de Maio nas primeiras décadas do século XX, o livro de Barbara Weinstein (2015, pp. 221-66) que discute a problemática incorporação dos negros às comemorações do quarto centenário da cidade de São Paulo, em 1954; os artigos de Petrônio Domingues (2016) e Lúcia Stumpf e Júlio César Vellozo (2018) sobre a construção, em 1931, da herma em homenagem a Luiz Gama, no largo do Arouche, área central de São Paulo[80]; e os trabalhos de Maria Aparecida Lopes (2007), Paulina Alberto (2014) e da própria Barbara Weinstein (2015, pp. 267-95) acerca da edificação e inauguração, em 1955, da estátua em homenagem à Mãe Preta, no largo do Paissandu, também na região central da cidade[81].

---

sobre Ivaporunduva, um bairro rural negro da cidade de Eldorado, na região do Vale do Ribeira. Ao entrevistar um morador, o antropólogo notou sua aversão a tudo o que lembrasse o mundo da escravidão. "Eu tenho 74 anos, nunca tive recurso, mas também nunca me entreguei em fazenda nenhuma." Pelo olhar desse "caipira negro", o trabalho assalariado correspondia ao trabalho escravo: "Isso é como escravatura que está voltando de novo. O senhor pode não acreditar, mas antigamente os mais velhos contavam que a escravatura era obrigatória. Hoje em dia não. A escravatura tá chegando pro povo, não pra tudo, bem entendido, mas pra aquele que vai se entregar. Eles trabalham e ganham quarenta conto por dia. Mas quarenta conto, o que que faz? Não dá pra comprar um vidro de remédio! As coisas vai se acabando e virando em nada. E os fazendeiros que têm vão pra frente, muito alegre, serviço de graça, terra de graça" (Queiroz, 1983, p. 81).

80 A campanha pela construção de uma herma em homenagem a Luiz Gama durou de 1929 a 1931, tendo sido usada pelos "homens de cor" para conferir visibilidade pública a um de seus maiores ícones. Entretanto, a campanha não assumiu tão somente um sentido simbólico. Tomada como eixo impulsionador do debate em torno das expectativas de inserção, reconhecimento e cidadania da população negra, ela também assumiu sentidos e contornos políticos (Domingues, 2016).

81 Em 1953, Frederico Penteado Júnior, diretor do Clube 220 – agremiação recreativa

Esses trabalhos indicam uma escassez de iniciativa em São Paulo no que diz respeito à politização da memória pública do cativeiro. Com exceção de poucos monumentos, quase sempre de iniciativa dos movimentos sociais, a escravidão e o pós-abolição estão praticamente ausentes do espaço público. Assim, a estratégia de dar visibilidade ao legado negro no estado não só consolida novas formas de rememoração para públicos que desconhecem ou se recusam a falar desse passado, mas também abre caminhos para o reconhecimento de quem sofre o peso do estigma de ser descendente dos antigos escravizados. Em outras palavras, a história do pós-abolição, ao se tornar pública, possibilita também novos olhares para o passado, reparação moral, reforço da autoestima e ressignificação identitária para os detentores dessas histórias e desses patrimônios.

4 Histórias conectadas e transnacionais

Outra tendência atual nos estudos sobre a história da população negra são as análises em perspectiva transnacional. Em obra premiada, Kim Butler cotejou a situação desse estrato populacional em São Paulo e em Salvador nos primeiros cinquenta anos depois do regime do cativeiro, inserindo-o no circuito da diáspora afro-atlântica (pelas Américas e pelo Caribe)[82]. Segundo a historiadora estadunidense, havia na cidade do Sudeste a busca

---

da capital paulista que congregava "pessoas de cor" –, sugeriu à Câmara Municipal a instalação de um busto da Mãe Preta em uma das praças públicas da cidade. A ideia foi transformada em anteprojeto de lei e entregue ao vereador Elias Shammass. A princípio o prefeito Jânio Quadros não aprovou o projeto, mas depois acabou cedendo. Apropriado como símbolo da nacionalidade brasileira, o monumento à Mãe Preta foi inaugurado em São Paulo, no largo do Paissandu, em 23 de janeiro de 1955, e fez parte das comemorações de encerramento do Quarto Centenário da cidade de São Paulo. O largo do Paissandu foi escolhido por abrigar a Igreja de Nossa Senhora do Rosário dos Homens Pretos e ser um ponto de referência tradicional da população negra (Lopes, 2007).

82 A obra foi vencedora do prêmio Wesley-Logan, da American Historical Association, e do prêmio Letitia Woods Brown, da Association of Black Women Historians, mas, infelizmente, ainda não foi traduzida para o português (Butler, 1998).

por uma identidade negra, ou uma "política racial", ao passo que na cidade do Nordeste predominou uma "política cultural", caracterizada pelas diferenças étnicas entre os descendentes das diversas nações africanas. Em São Paulo, surgiram jornais, associações e até mesmo um partido político em defesa dos negros no campo dos direitos civis, enquanto em Salvador lutava-se pela afirmação das manifestações culturais e religiosas, como o candomblé e o Carnaval, com atuações diferenciadas entre as nações de matriz africana, como angola, jeje e congo[83]. Ultimamente, as análises comparativas têm adquirido um caráter transnacional. Em seu livro, Butler já postulava que a experiência negra no Brasil precisava ser compreendida no contexto afro-atlântico, da diáspora africana. Isto é, em vez de se circunscrever à base nacional, devia-se procurar entendê-la conectada a experiências semelhantes protagonizadas por outros povos negros da América e do Caribe (Butler, 1998).

Seguindo de certo modo nessa esteira, George Reid Andrews desenvolveu uma ampla pesquisa comparativa e transnacional da "América Afro-Latina", incluindo nela os afro-brasileiros em geral e os afro-paulistas em particular (Andrews, 2007)[84]. Micol Seigel, por sua vez, mostrou que a questão

---

83 Em artigo de 1953, Richard Morse já havia advertido para as diferenças histórico--culturais entre os negros de São Paulo e da Bahia no cenário pós-escravista. Na capital paulista não existiriam, como em Salvador, sobrevivências africanas ou, nas palavras do historiador estadunidense, "um padrão residual" de cultura afro-brasileira. Se num local se desenvolveu o candomblé, ou rituais de "cultos fetichistas", noutro o negro ficou desprovido dessa base cultural para se organizar. O sincretismo das cerimônias religiosas afro-católicas, observáveis ali no século XIX, não ocorreria mais, de modo que o "folclore" da cidade revelava "apenas os mais leves traços da herança africana". Mesmo sem essa base cultural, o negro de São Paulo teria encontrado motivação suficiente para se organizar "em busca dos direitos socioeconômicos", criando associações e jornais destinados a ajudá-lo a conquistar um "lugar na sociedade" (Morse, 1953, pp. 297-303).

84 Um dos méritos da obra de George Andrews é o de romper com certos lugares-comuns historiográficos. Conforme argumenta o prefaciador, "existem muitas comparações da escravidão no Brasil e nos Estados Unidos, e algumas das relações raciais posteriores nesses dois países, mas muitos brasileiros, lendo este livro, se surpreenderão ao constatar as semelhanças entre a história racial do Brasil e a dos países de língua espanhola. Esta obra nos ajuda a repensar fenômenos muitas vezes percebidos como especificamente

racial em São Paulo e no Rio de Janeiro foi articulada numa arena transatlântica, por intermédio dos diálogos e intercâmbios multilaterais estabelecidos com os Estados Unidos e outras plagas. Os atores dessa trama desempenharam seus papéis conectados não só a questões e expectativas do local em que viviam, mas também direcionados às ressonâncias de suas ações em uma esfera transnacional, para não dizer global[85]. A ideia de democracia racial no Brasil e a noção de que a escravidão foi pior nos Estados Unidos, por exemplo, foram negociadas e apropriadas como trunfo a colocar a Terra Brasilis em posição de vantagem no concerto das nações (Seigel, 2009).

Quando examina o movimento em prol da construção do monumento à Mãe Preta, iniciado no Rio de Janeiro e depois migrado para São Paulo, na década de 1920, a historiadora estadunidense também procura surpreender a experiência negra na arena atlântica das conexões transnacionais. Isso lhe permite vislumbrar como esse movimento alimentou e foi alimentado por um complexo fluxo de informações, ideias, expectativas, representações e narrativas envolvendo o Brasil e o restante do mundo, especialmente os Estados Unidos. Agregando jornalistas, religiosos, estudantes, militantes e artistas afro-brasileiros e aproximando "irmãos da raça" provenientes de lugares tão distantes quanto São Paulo, Rio de Janeiro, Salvador e Chicago, o movimento para que se erigisse um monumento em homenagem à Mãe Preta era heterogêneo e polifônico. Para algumas vozes, seria uma oportunidade de fortalecer o discurso de união nacional e solidificar a imagem da

---

brasileiros, como o mito da democracia racial, o racismo informal e a hostilidade de muitos brancos contra qualquer forma de mobilização de negros em bases raciais. Tais aspectos das relações raciais no Brasil não podem ser explicados pelas particularidades brasileiras porque ocorrem em vários países da região" (Monsma, 2007b, p. 15).

85 Embora Micol Seigel remonte à tradição de abordar comparativamente a história das relações raciais do Brasil e dos Estados Unidos, seu método analítico é inovador, pois, em vez de cartografar apenas as semelhanças e as diferenças que marcaram a formação do sistema racial dessas duas unidades nacionais, ela avança e dá atenção às trocas – múltiplas conexões e interdependências – que cruzaram fronteiras, operando numa arena transnacional. Englobando políticos, autoridades públicas, intelectuais, artistas, jornalistas, ativistas negros, enfim, os diversos setores da sociedade civil e do Estado, a própria troca constituiria a base do fazer-se de ideias, narrativas, representações e políticas raciais.

harmonia racial brasileira, na medida em que se celebrava um símbolo da "fraternidade" existente entre brancos e negros. Para outras, tratava-se de uma oportunidade para celebrar os mitos, os signos e os referenciais afro-diaspóricos, assim como de um veículo para pautar questões como raça, direitos, cidadania e projetos de inclusão dos negros no corpo político e social da nação. Por um viés nostálgico, muitos liam a Mãe Preta como metáfora do passado, símbolo que demarcava a distância entre uma escrava humilde de antanho e os cidadãos patrióticos e modernos. E ainda havia aqueles que viam na narrativa da Mãe Preta um meio de rememorar uma idade de inocência, fosse do ponto de vista do gênero, fosse das categorias raciais, "um momento em que ninguém podia ser responsabilizado pelas relações hierárquicas deflagradas pelo fim da escravidão".

De toda sorte, "a campanha realizada nos anos 1920 criou uma plataforma tão sólida quanto qualquer pedestal de mármore para a intervenção discursiva na ideologia racial", afirma Seigel (2007, p. 329). E, franqueando seu apoio impetuoso e entusiástico, os militantes afro-brasileiros se doaram para mudar os padrões do debate público sobre raça no Brasil[86]. De fato, a campanha realizada nos anos 1920 não passou despercebida no seio da sociedade civil, embora o monumento só tenha sido construído bem mais tarde.

---

86 Micol Seigel enfatiza a ideia de que os ativistas afro-brasileiros, na campanha em prol da edificação de um monumento à Mãe Preta, "adotaram a retórica da harmonia racial, esperando influir nos efeitos de tal retórica nas relações sociais da vida cotidiana. A diminuta esfera pública forjada pelas confrarias negras, a companhia negra de teatro de revista e, especialmente, a imprensa negra de São Paulo tornaram as vozes dos afro-brasileiros audíveis para as elites mais brancas, permitindo superar barreiras sociais tradicionalmente vistas como intransponíveis" (Seigel, 2007, p. 329). A linha interpretativa de Seigel segue na esteira daquela adotada por Thomas Holt, Frederick Cooper e Rebecca Scott. Na introdução do livro sobre o período pós-emancipação no Caribe, nos Estados Unidos e na África, esses autores mostraram "exemplos diferentes da retórica [ou do conceito] da cidadania em uso e, em vez de desdenhar a cidadania como imposição imperial" dos grupos hegemônicos sobre os segmentos subalternos, os pesquisadores defenderam a tese de que, nessas regiões, o "desenvolvimento deste conceito abriu ainda mais o leque de possíveis significados que a cidadania pode trazer consigo" (Cooper, Holt e Scott, 2005, p. 63).

Mais recentemente, Cristián Castro publicou um artigo em que utiliza o conceito de comunidade imaginada transnacional como ferramenta analítica para compreender os significados da imprensa negra de São Paulo e Chicago de 1900 a 1950. Ao fazê-lo, buscou conectar o local e o global, associando a singularidade dessas comunidades negras específicas aos pontos de intersecção ante às experiências afro-diaspóricas nas Américas. A seu ver, a imprensa negra visava articular um discurso contra-hegemônico sobre raça, diferente dos enunciados da imprensa tradicional. É essa imprensa alternativa que o autor usa como porta de entrada para entender como uma fração da comunidade afrodescendente de São Paulo e Chicago – ou seja, a denominada "classe média negra" – negociou questões de raça e cidadania mediante um complexo processo de diálogo nacional e transnacional. Apesar de limitada como fonte primária, a imprensa negra ofereceria uma oportunidade ímpar para retratar a vida urbana cotidiana da população negra em duas cidades que passaram por acelerados processos de modernização e cosmopolitismo (Castro, 2017)[87].

Diante de tudo o que foi visto, parece escusado frisar que o conhecimento sobre o negro no pós-abolição só será modificado (e ampliado) com o aumento dos estudos ancorados em fontes, tanto por meio de um exame, em nova perspectiva, das já conhecidas quanto pela compulsação das ainda desconhecidas. Cabe aos historiadores cruzar as fontes diversas e costurar passo a passo, como uma colcha de retalhos, a reconstituição das trajetórias individuais, familiares e do grupo, propondo novos problemas, questões e debates. Aos historiadores impõe-se também sair do caminho saturado, conhecido, ousar inusitados paradigmas e olhar para o lado à procura do que ainda não foi explicado, respondido ou explorado, aperfeiçoando os instrumentais analíticos e refinando as ferramentas conceituais.

---

[87] Sobre a perspectiva dos diálogos transnacionais de análise, explorando principalmente a imprensa negra paulista, ver ainda os estudos de Micol Seigel (2003), Petrônio Domingues (2010a, 2010c), Giovana Xavier (2013) e Flávio Ribeiro Francisco (2017).

Considerações finais

Por novos olhares, saberes e narrativas

Espelhando-se na Europa como modelo de progresso e civilização, as elites políticas e intelectuais de São Paulo desejaram branquear o estado e eliminar a "nódoa" do cativeiro no período em que não havia mais escravizado nem senhor. Com esse propósito, investiram altas somas de recursos públicos na vinda de milhares de imigrantes europeus, adotaram estilos de vida "modernos" e padrões de sociabilidade "aburguesados", além de terem empreendido reformas urbanas discricionárias (Domingues, 2004c). Nesse contexto, não era nada confortável ser negro. Os jornais *O Clarim da Alvorada* e *A Voz da Raça* protestavam contra o "preconceito de cor", a intolerância e o desrespeito à dignidade dos afro-brasileiros, os quais eram por vezes preteridos no mercado de trabalho formal, tolhidos do direito à reunião em locais públicos, perseguidos pela arbitrariedade policial e impedidos de frequentar alguns cinemas, teatros e restaurantes e/ou de ingressar em determinados hotéis, clubes, orfanatos e estabelecimentos de ensino[88].

---

88 Em dezembro de 1941, Oracy Nogueira investigou os classificados de emprego estampados num jornal da grande imprensa de São Paulo. Passou em revista milhares de anúncios, tendo fichado todos aqueles em que se mencionava a cor do empregado procurado ou do empregado que se oferecia. Em 836 anúncios, a "cor branca" aparecia como condição de preferência; em 23 se dizia preferir "empregado de cor" e em apenas onze se declarava "não fazer questão da cor". A conclusão de Nogueira foi de que havia uma "atitude desfavorável de alguns anunciantes de São Paulo em relação aos empregados de cor

No entanto, qual foi, de fato, a trajetória dos ex-escravos depois da extinção do cativeiro? E o que ocorreu com seus descendentes – denominados muitas vezes "homens de cor"? Não se apagaram da memória as tradições, os costumes e as experiências acumuladas durante o período da escravidão, a saber: as identidades plurais; a valorização da família, dos laços de amizade, solidariedade e compadrio; os padrões de moralidade, ética e honra; os papéis e as relações de gênero; as estratégias de resistência, negociação, acomodação, conflito e politização do cotidiano; a vida associativa em irmandades, sociedades beneficentes e agremiações cívicas. Foram, isso sim, reelaboradas, entrelaçadas e projetadas dinamicamente no período do pós-abolição. Assim sendo, como essas populações inventaram e reinventaram a liberdade, enfrentaram as indeterminações de seu tempo e batalharam

---

(Nogueira, 1942, p. 328). Duas décadas e meia adiante, João Baptista Borges Pereira certificou-se de que o negro enfrentava dificuldades de mobilidade social, ficava exposto ao "preconceito de cor" e era retratado de forma caricatural na estrutura radiofônica paulista. Se, no início, trabalhar nesse meio de comunicação fazia o negro se sentir realizado, não raro essa sensação transformava-se, com o tempo, em frustração. "Ao libertá-los de injunções econômicas", afirma Borges Pereira, "a profissão [de radialista] transporta-os para novas situações de convívio, em que o papel até então representado pela deficiência pecuniária passa a ser interpretado pela cor e por tudo o que esse traço racial simboliza em termos sociais e culturais. Se tais radialistas não encaram com pessimismo a sua situação, todavia, nas suas confidências ao pesquisador, não conseguem esconder o desencanto dos que se veem traídos nas suas mais caras expectativas" (Pereira, 1967, p. 261). Em 1983, Solange Martins Couceiro de Lima examinou a presença de "pretos" e "brancos" na estrutura ocupacional das "empresas televisoras" de São Paulo. Os primeiros estariam ausentes da alta e média administração das emissoras, que inclui diversos setores (o técnico, o comercial e o programático). Em virtude disso, a autora referendou *ipsis litteris* as palavras de Borges Pereira: "Os negros e mulatos não mandam, não escolhem nem 'programam'. São mandados, escolhidos e 'são programados'". Quando voltou sua atenção para as representações raciais "captadas, elaboradas e transmitidas pelas mensagens de tevê", Couceiro Lima verificou que esse órgão de comunicação divulgava uma "imagem estereotipada do negro e de seu estilo de vida". Esta imagem o mostrava "caricaturado à base de clichês quase sempre negativos" e/ou "com pendores raciais para a música". No caso das telenovelas, o negro era representado como "serviçal, subalterno inexpressivo do ponto de vista social". A tevê, portanto, confirmaria a opinião popular, formada historicamente, de que o negro deveria "ocupar apenas os *status* inferiores de nossa sociedade" (Lima, 1983, pp. 42 e 86).

por empoderamento, mesmo operando num regime de cidadania limitada? Que significados elas conferiam a suas ações nos campos político, social, cultural, religioso e econômico? Como se apropriaram dos códigos de sociabilidade vigentes e procuraram tirar vantagens deles ou atribuir-lhes novos sentidos e configurações? Qual é a lógica interna de múltiplos e diferentes estilos de vida baseados numa margem de autodeterminação? Em suma, entender essas populações a partir de seus próprios termos: eis o pungente desafio da historiografia paulista, para não dizer brasileira.

O que alguns autores chamaram de "anomia social" do negro era, na verdade, uma visão alternativa da vida, balizada na busca da autonomia, nos "costumes em comum", na leitura diferente de um código sociocultural, na avaliação seletiva das opções disponíveis no palco de disputas do pós-abolição. Disputas abertas e surpreendentes em torno de diferentes formas de trabalho, de sociabilidade, de práticas culturais, de religiosidade, de construção de identidades, de limitação e/ou ampliação de direitos e expectativas do pleno exercício da cidadania. Definitivamente, não se trata mais de acusar de "anômico" tudo o que não se ajusta satisfatoriamente aos valores característicos da visão de mundo das elites, e sim de tentar aferir o sentido e a racionalidade inerentes ao comportamento das populações afro-descendentes. Esse sentido e essa racionalidade só podem ser aquilatados mediante a reconstituição exaustiva e detalhada de inúmeras histórias, as quais, na medida em que desnudam o modo como experiências foram vivenciadas, informam de que maneira as determinações históricas mais amplas interferem e ao mesmo tempo se constroem nas situações micro-históricas concretas[89].

---

89 Não se trata de "efetuar uma inversão de polos, abandonando-se o estudo das estruturas para aprisionar-se nas conjunturas ou no específico", afirma Regina Xavier. "As histórias de vida costumam ser tão ricas que dificilmente poderiam ser reduzidas a interpretações desse tipo. É preciso perceber que as práticas individuais frequentemente revelam aspectos importantes da trama social que não poderiam ser analisados com lentes de maior alcance. É precisamente por trazerem à tona novos elementos que podem vir a contribuir, de maneiras às vezes surpreendentes, para a produção do conhecimento histórico" (Xavier, 1996, p. 15).

Considerações finais

Em livro seminal, Boris Fausto conta a história de um crime hediondo que chocou a opinião pública paulistana. Na manhã da Quarta-Feira de Cinzas de 1938, o cozinheiro lituano de um restaurante chinês localizado na rua Venceslau Brás, número 13, no centro da cidade, encontrou os corpos de quatro pessoas que haviam sido cruelmente assassinadas. Duas delas, o lituano José Kulikevicius e o brasileiro Severino Lindolfo Rocha, eram funcionários do restaurante e foram abatidos depois de terem recebidos vários golpes de um grosso cilindro de madeira. As duas outras eram o casal de proprietários do estabelecimento. Ele – Ho-Fung, um imigrante chinês – foi violentamente espancado, sofreu várias fraturas na cabeça e, por fim, morreu asfixiado por um laço, apertado em torno do pescoço. Ela – Maria Akiau, uma brasileira, filha de chineses – morrera por último, esganada com um laço de tecido fortemente apertado, também no pescoço. A cena do crime era macabra: quando a polícia chegou ao restaurante, pela manhã, encontrou os corpos estendidos, dilacerados, muito sangue e um ambiente soturno, que mais lembrava um filme de terror.

Quem teria sido o assassino? O clima de suspense em torno da autoria do crime levou as rádios, os jornais e as pessoas nos locais de trabalho, escolas, ruas, pontos de bonde, esquinas e bares a discutir, rediscutir, especular... Até que a polícia, depois de investigar algumas pessoas suspeitas, prendeu Arias de Oliveira. Tudo depunha contra Arias: era pobre, do interior de São Paulo, não tinha padrinhos poderosos e, para agravar, era negro, carregando na pele os estigmas da cor. Submetido pelos peritos a uma série de testes que compunham a chamada análise antropopsiquiátrica, no campo da criminologia, o acusado foi considerado "assassino" e, ainda por cima, "um assassino mentiroso". Terminado o inquérito policial, o processo passou do domínio policial para o da Justiça. Arias foi parar nas barras do tribunal. Muitos davam como certa sua condenação. Depois de um julgamento acompanhado de perto por muitas pessoas, foi declarado inocente, por maioria dos votos (quatro contra três). O promotor público do caso entrou com recurso, o que resultou em novo julgamento no tribunal do júri e em nova absolvição. A promotoria recorreu à última instância, o tribunal de apelação, e, por incrível que pareça, os desembargadores, por maioria dos votos (dois contra um), mantiveram a sentença absolutória do réu. Emocionado, Arias de Oliveira finalmente era posto em liberdade em agosto de 1942, quase quatro anos depois do início daquele calvário.

Um dos aspectos mais significativos do caso [de absolvição de Arias de Oliveira] é que este não constitui mais um exemplo tautológico da pura e simples "dominação da classe dominante", potencializada pelo preconceito racial. Tanto a existência incontestável da dominação social quanto o preconceito de raça são caracterizações genéricas necessárias, mas que pouco nos dizem sobre suas formas e seus matizes, em particular quanto se trilha o caminho da micro-história (Fausto, 2009, p. 214).

Que São Paulo era um lugar racista nas últimas décadas do século XIX e nas primeiras décadas do XX, não se tem dúvidas. Para o historiador, entretanto, essa constatação é insuficiente, de modo que ele deve ir além e se enfronhar pelas ambiguidades, pelas fímbrias e pelos paradoxos do sistema racial. Só assim é possível revelar como estratos da população afro-paulista, em vez de conformar-se ao papel de vítimas passivas e assujeitadas, reagiram de maneira articulada (ou não) às adversidades da vida, fabricaram e refabricaram seus próprios mecanismos de sociabilidade, política, cultura e lazer e, no limite, conquistaram seu espaço na sociedade (Cunha e Gomes, 2007). Não se quer, aqui, florear nem atenuar as contradições, as tensões e os desequilíbrios das interações existentes entre pessoas negras e brancas nas paragens paulistas. Decerto a dominação se fez presente no sistema racial do estado, mas ela não ocorreu de maneira padrão e igualitária, tampouco os afrodescendentes reagiram da mesma maneira a ela.

Tentando superar qualquer visão esquemática e naturalizada das hierarquias raciais legadas da escravidão, acreditamos ser interessante pensar o pós-abolição como um "campo de possibilidades historicamente delimitadas" (Ginzburg, 1989, p. 183) e ressaltar que as pessoas negras – como quaisquer outras –, a cada momento de suas vidas, têm diante de si um futuro incerto e indeterminado, que as leva a fazer escolhas, a seguir alguns caminhos e não outros. A tarefa do historiador é recuperar

Considerações finais

o "drama da liberdade" desses sujeitos – as incertezas, as oscilações, as incoerências, o papel do acaso – e, assim, mostrar que suas vidas não estavam predeterminadas. Parodiando E. P. Thompson (1987), é necessário capturar o "fazer-se" dos sujeitos ao longo de sua existência.

É oportuno, nesse aspecto, retomar o percurso trilhado por Antonio Ferreira Cesarino Júnior, personagem da abertura deste livro. Quando se lê sua biografia, nota-se como ele soube agenciar e aproveitar as frestas abertas no sistema – frestas que foram exploradas em momentos como os dos concursos para professor do Ginásio do Estado, em Campinas, e da Faculdade de Direito do Largo de São Francisco, na capital paulista. Sua carreira ganha musculatura no direito e na medicina do trabalho, áreas em que transitou com desenvoltura, tendo auferido respeitabilidade e projeção internacionais suficientes até para elevar o nome do Brasil no exterior. E esse desempenho, conforme salienta Irene Maria Barbosa, ocorreu basicamente no campo escolar. A escola é o *locus* onde se impõem sérios obstáculos aos negros; porém, foi lá que Cesarino encontrou os interstícios do sistema normativo por onde passou e conseguiu "consolidar o processo de reconversão social, dele e de toda a família" (Barbosa, 1997, p. 220).

A relevância de uma trajetória excepcional repousa em permitir identificar os mecanismos sutis de discriminação racial que a sociedade impõe àqueles que nela conseguem se emaranhar, e não aos que ficam de fora. Também atesta quanto o sistema normativo de dominação e reprodução das desigualdades raciais não alcança eficácia absoluta, pois alguns indivíduos conseguem burlar as barreiras, uma vez que, isolados, não representariam ameaça. Assim, Cesarino Júnior não deve ser visto apenas como mera exceção à regra; sua trajetória instila a lançar os holofotes sobre a complexa e esquiva questão racial e, principalmente, possibilita entrever domínios importantes do protagonismo negro no pós-abolição – as margens de liberdade individual diante dos sistemas normativos.

Daí a importância de compreender esse protagonismo como uma experiência plástica, em movimento, flexível e cruzada pela imprevisibilidade – e não como algo sociopático, cristalizado ou predeterminado. Tal abordagem faculta os elementos necessários para descortinar e problematizar a inteligibilidade dos comportamentos, das expectativas, ações e estratégias elaboradas não só por Cesarino Júnior como ainda pelos demais homens e mulheres afro-paulistas no concurso da experiência diaspórica. É verdade que as elites de São Paulo instrumentalizaram arcabouços científicos e forjaram conceitos de modernidade e cidadania para reproduzir (e legitimar) as hierarquias raciais da época da escravidão (Woodard, 2014a). Os negros, porém, não estavam alheios ao que ocorria aqui e alhures; pelo contrário, estavam atentos e, dentro do que era permitido numa correlação de forças desfavorável, lançaram mão de vários expedientes e subverteram ou se apropriaram dos discursos de liberdade, cidadania e modernidade para fazer valer seus anseios, conquistar novos direitos e redefinir sua posição na sociedade (Kelley, 1999; Cooper, Holt e Scott, 2005).

Portanto, devem-se sepultar as abordagens essencialistas das identidades e culturas negras. Em primeiro lugar, porque as identidades dos indivíduos não são a-históricas, primordiais, engessadas nem perenes, mas antes construções efêmeras, porosas, descentradas, negociadas em cada contexto, tempo e lugar, influenciadas por fatores como classe, gênero, sexualidade, geração, nacionalidade, etnia, raça e religiosidade. A identidade é, assim, um permanente "tornar-se". Longe de constituir um bloco unitário, homogêneo e monolítico, os negros eram e são caracterizados pela diversidade, pela heterogeneidade, por vicissitudes e (re)configurações transversais (Gilroy, 2001; Hall, 1996 e 2003). Em segundo lugar, recomenda-se evitar as abordagens essencialistas porque os símbolos, imaginários, paradigmas e artefatos afro-diaspóricos não eram percebidos em termos dicotômicos (normais ou anômicos, arcaicos ou modernos), e sim com base em sua fluidez, posto que eram manipulados de forma distinta pelos indivíduos e grupos, de acordo com as circunstâncias em que estavam inseridos, as possibilidades estruturais e as escolhas pessoais. Significa dizer que os repertórios afro-diaspóricos não tinham um sentido fixo, o que não isenta a responsabilidade do pesquisador de buscar dimensioná-los. Em terceiro lugar, devem-se descartar as abordagens essencialistas porque o patrimônio cultural produzido pelos negros não era puro, genuíno nem estanque. Com o costume de hibridações e bricolagens, ele incorporava diferentes gramáticas culturais, intercambiava com múltiplas linguagens

Considerações finais

e filtrava, criativamente, as expressões a serem absorvidas e aquelas a serem evitadas ou mesmo descartadas[90].

No que concerne à história do protagonismo negro em São Paulo, ainda há muito a ser garimpado, documentado, cotejado e escrito. É preciso construir uma história focada nas experiências dos sujeitos e grupos, nas abordagens verticalizadas, nas perspectivas multidimensionais, que procure abarcar o dinamismo, a vivacidade, a pluralidade e a riqueza política, social, cultural e religiosa dos afro-paulistas, sem se restringir às lideranças, aos artistas, aos intelectuais e políticos reputados nem aos movimentos organizados e às instituições associativas. Que também façam parte dessa história os sujeitos "anônimos", suas maneiras peculiares de sentir, agir e pensar, suas venturas e desventuras, perdas e ganhos, alegrias, tristezas, esperanças e veleidades. Nem heróis nem vilões, tampouco vítimas, os negros foram os agentes de sua história, fizeram escolhas, atuaram nos limites do possível, enfrentaram, por sua conta e risco, as incertezas do destino e infundiram significados específicos às retóricas da cidadania.

Os desafios dessa nova área de estudos e pesquisas não param por aí. Urge apreender o negro pelo prisma de suas cosmovisões, ambivalências, vicissitudes, tradições e ancestralidades. Não é uma tarefa fácil, pois se trata de um sujeito complexo, sinuoso, que elabora e reelabora discursos, práticas, representações e simbologias; negocia e renegocia cotidianamente as formas de vivenciar sua identidade; circula, como um camaleão, entre diferentes ambientes sociais; engendra posicionamentos, ações coletivas e mediações de naturezas diversas; comunica-se entre si e com os demais segmentos da sociedade, estabelecendo conexões mútuas de

---

90 Conforme argumentam Sidney W. Mintz e Richard Price, a cultura afro-americana – na música, linguagem ou religião – foi produzida de maneira "altamente" sincretizada "em termos de suas diversas origens africanas bem como em termos das contribuições provenientes das fontes europeias (e, com frequência, de outras); e devemos esperar que ela possua também um dinamismo interno e uma acentuada capacidade de adaptação a condições sociais mutáveis. Isso implica que a tarefa de reconstituir a história de qualquer desses sistemas ou complexos institucionais é imensamente desafiadora, mas repleta de armadilhas" (Mintz e Price, 2003, p. 88).

ideias, narrativas, cenografias, experiências, projetos e utopias d'aquém e d'além-mar, interpretando, assim, a história, a cultura, a política e a vida no contexto transatlântico, da diáspora africana. Como se nota, os desafios ao desenvolvimento do tema do protagonismo negro não são poucos; em compensação, é alentador saber que se trata de um campo de estudos e pesquisas emergente. E essa emergência é bastante auspiciosa, tendo em vista suas inegáveis potencialidades para calibrar, quando não renovar, a historiografia brasileira.

Considerações finais

Referências bibliográficas

ABRAHÃO, Bruno Otávio de Lacerda; SOARES, Antonio Jorge Gonçalves. "A imprensa negra e o futebol em São Paulo no início do século XX". *Revista Brasileira de Educação Física e Esporte*, São Paulo: 2012, v. 26, n. 1, pp. 63-76.

____. "O futebol na construção da identidade nacional: uma análise sobre os jogos 'pretos × brancos'". *Revista Brasileira de Educação Física e Esporte*, São Paulo: 2012, v. 26, n. 1, pp. 47-61.

ABRÃO, Jorge Luís Ferreira. *Virgínia Bicudo: a trajetória de uma psicanalista brasileira*. São Paulo: Arte & Ciência, 2010.

AGUIAR, Jaime de. "Depoimento". *Revista do Instituto de Estudos Brasileiros*, São Paulo, n. 20, 1978, pp. 130-7.

AGUIAR, Márcio Mucedula. *As organizações negras em São Carlos: política e identidade cultural*. 119 f. Dissertação (mestrado em ciências sociais) – Centro de Educação e Ciências Humanas, Universidade Federal de São Carlos. São Carlos: 1998.

____. "Os clubes negros e seu papel na constituição da identidade e movimento negro: a história do Grêmio Recreativo e Familiar Flor de Maio em São Carlos – SP". *Interações*, Belo Horizonte: 2007, v. 2, n. 2, pp. 91-105.

ALBERTI, Verna. *Manual de história oral*. 3. ed. Rio de Janeiro: Editora FGV, 2005.

ALBERTO, Paulina. *Terms of Inclusion: Black Intellectuals in Twentieth-century Brazil*. Chapel Hill: The University of North Carolina Press, 2011. Ed. bras.: *Termos de inclusão: intelectuais brasileiros no século XX*, trad. Elizabeth de Avelar Solano Martins, Campinas: Unicamp, 2017.

____. "A Mãe Preta entre sentimento, ciência e mito: intelectuais negros e as metáforas cambiantes de inclusão social, 1920-1980". Em: DOMINGUES, Petrônio;

GOMES, Flávio (org.). *Políticas da raça: experiências e legados da abolição e da pós-emancipação no Brasil*. São Paulo: Selo Negro, 2014, pp. 377-401.

ALMEIDA, Sérgio Tenório de. *Novas oportunidades ao ensino superior? Trajetórias escolares de alunos negros que se formaram na Faculdade de Medicina da Universidade de São Paulo (1935-1964)*. 77 f. Dissertação (mestrado em educação) – Pontifícia Universidade Católica. São Paulo: 2009.

ALVES, Miriam. "*Cadernos Negros* (número 1): estado de alerta no fogo cruzado". Em: FIGUEIREDO, Maria do Carmo Lanna; FONSECA, Maria Nazareth Soares (org.). *Poéticas afro-brasileiras*. Belo Horizonte: Mazza; Editora PUC Minas, 2002, pp. 221-40.

AMANCIO, Kleber Antonio de Oliveira. *Pós-abolição e quotidiano: ex-escravos, ex-libertos e seus descendentes em Campinas (1888-1926)*. São Paulo: Alameda, 2013.

AMARAL, Raul Joviano do. *Os pretos do Rosário de São Paulo: subsídios históricos*. 2 ed. São Paulo: João Scortecci, 1991 [1954].

AMARAL, Rita; SILVA, Vagner Gonçalves da. "A 'força da Casa do Rei': Caio de Xangô e o candomblé de São Paulo". Em: SILVA, Vagner Gonçalves (org.). *Caminhos da alma*. São Paulo: Selo Negro, 2002, pp. 219-35. (Memória afro-brasileira; v. 1)

ANDRADE, Mário de. "O samba rural paulista". *Revista do Arquivo Municipal*, São Paulo: 1937, v. XLI, pp. 37-116.

ANDRADE, Tânia (org.). *Quilombos em São Paulo: tradições, direitos e lutas*. São Paulo: Imesp, 1997.

ANDREWS, George Reid. "Black and White Workers: São Paulo, Brazil, 1888-1928". *Hispanic American Historical Review*, Durham, 1988, v. 68, n. 3, pp. 491-524.

____. "O protesto político negro em São Paulo (1888-1988)". *Estudos Afro-Asiáticos*, Rio de Janeiro: 1991, n. 21, pp. 27-48.

____. "Black Political Mobilization in Brazil, 1975-1990" Em: ANDREWS, George R.; CHAPMAN, Herrick (org.). *The Social Construction of Democracy, 1870-1990*. New York: New York University Press, 1995, pp. 218-40.

____. *Negros e brancos em São Paulo (1888-1988)*. Bauru: Edusc, 1998.

____. *América Afro-Latina (1800-2000)*. São Carlos: EDUFSCar, 2007.

ARAÚJO, Márcia Luiza Pires de. *A escola da Frente Negra Brasileira na cidade de São Paulo*. 203 f. Dissertação (mestrado em educação) – Faculdade de Educação, Universidade de São Paulo. São Paulo: 2008.

____. *A escolarização de crianças negras paulistas (1920-1940)*. 202 f. Tese (doutorado em educação) – Faculdade de Educação, Universidade de São Paulo. São Paulo: 2013.

ASSUMPÇÃO, Carlos de et al. *O ano 70 da Abolição*. São Paulo: Associação Cultural do Negro, 1958. (Série Cultura Negra, 1.)

AZEVEDO, Amailton Magno. *A memória musical de Geraldo Filme: os sambas e as micro-Áfricas em São Paulo*. 242 f. Tese (doutorado em história) – Pontifícia Universidade Católica de São Paulo. São Paulo: 2006.

_____. "Protagonistas negros do samba de São Paulo: vida comunitária, arte e racismo". *Fênix – Revista de História e Estudos Culturais*, Uberlândia: 2017, v. 14, n. 2, pp. 1-16.

AZEVEDO, Célia Maria Marinho de. *Onda negra, medo branco: o negro no imaginário das elites – século XIX*. Rio de Janeiro: Paz e Terra, 1987.

_____. "Para além das 'relações raciais': por uma história do racismo". Em: *Antirracismo e seus paradoxos: reflexões sobre cota racial, raça e racismo*. São Paulo: Annablume, 2004, pp. 107-26.

AZEVEDO, Elciene. *Orfeu de carapinha: a trajetória de Luiz Gama na Imperial cidade de São Paulo*. Campinas: Editora Unicamp, 1999.

_____. "A metrópole às avessas: cocheiros e carroceiros no processo de invenção da 'raça paulista'". Em: _____ et al. *Trabalhadores na cidade: cotidiano e cultura no Rio de Janeiro e em São Paulo, séculos XIX e XX*. Campinas: Editora Unicamp, 2009, pp. 63-105.

BARBOSA, Dionísio. "A sociedade boa e a corrompida, do negro em S. Paulo". *Evolução: revista dos homens pretos de São Paulo*, São Paulo: 13 maio 1933, p. 6.

BARBOSA, Irene Maria Ferreira. *Socialização e relações raciais: um estudo de família negra em Campinas*. São Paulo: Ed. FFLCH-USP, 1983. (Série Antropologia, 5.)

_____. *Enfrentando preconceitos: um estudo da escola como estratégia de superação de desigualdades*. Campinas: Área de Publicações CMU; Unicamp, 1997 (Coleção Tempo & Memória, 4.)

BARBOSA, Márcio (org.). *Frente Negra Brasileira: depoimentos*. São Paulo: Quilombhoje, 1998.

BARBOSA, Muryatan Santana. "O TEN e a negritude francófona no Brasil: recepção e inovações". *Revista Brasileira de Ciências Sociais*, São Paulo: 2013, v. 28, n. 81, pp. 171-84.

BARROS, Orlando de. *Corações de Chocolat: a história da Companhia Negra de Revistas (1926-1927)*. Rio de Janeiro: Livre Expressão, 2005.

BASTIDE, Roger. "A imprensa negra do Estado de São Paulo". *Boletim da Faculdade de Filosofia, Ciências e Letras da Universidade de São Paulo, Sociologia*. São Paulo: 1951, v. CXXI, n. 2, pp. 50-78.

Referências bibliográficas

____. "Introdução" e "Manifestações do preconceito de cor". Em: BASTIDE, Roger; FERNANDES, Florestan. *Brancos e negros em São Paulo: ensaio sociológico sobre aspectos da formação, manifestações atuais e efeitos do preconceito de cor na sociedade paulistana.* 2 ed. São Paulo: Companhia Editora Nacional, 1959.

____. *As religiões africanas no Brasil*: contribuição a uma sociologia das interpenetrações de civilizações. São Paulo: Pioneira, 1971.

____. "A macumba paulista". Em: *Estudos afro-brasileiros*. São Paulo: Perspectiva, 1973, pp. 193-247.

____. *As Américas negras: as civilizações africanas no Novo Mundo.* São Paulo: Difel, 1974.

BERNARDO, Teresinha. *Memória em branco e negro: olhares sobre São Paulo.* São Paulo: Educ; Unesp, 1998.

BERND, Zilá. *Introdução à literatura negra.* São Paulo: Brasiliense, 1988.

____ (org.). *Poesia negra brasileira*: antologia. Porto Alegre: Age; Instituto Estadual do Livro; Igel, 1992.

BERRIEL, Maria Maia Oliveira. *A identidade fragmentada*: as muitas maneiras de ser negro. 340 f. São Paulo, Dissertação (mestrado em antropologia social) – Faculdade de Filosofia, Letras e Ciências Humanas, Universidade de São Paulo. São Paulo: 1988.

BICUDO, Virgínia Leone. *Estudo de atitudes raciais de pretos e mulatos em São Paulo.* Dissertação (mestrado em ciências) – Escola Livre de Sociologia e Política de São Paulo. São Paulo: 1945.

____. "Atitudes dos alunos dos grupos escolares em relação com a cor dos seus colegas". Em: BASTIDE, Roger; FERNANDES, Florestan (org.). *Relações raciais entre negros e brancos em São Paulo: ensaio sociológico sobre as origens, as manifestações e os efeitos do preconceito de cor no município de São Paulo.* São Paulo: Anhembi, 1955, pp. 227-310.

BLOCH, Marc. *Introdução à história.* Ed. rev. Mem Martins: Europa-América, 1997.

BOSI, Ecléa. *Memória e sociedade: lembranças de velhos.* 3. ed. São Paulo: Companhia das Letras, 1994.

BOURDIEU, Pierre. "A ilusão biográfica". Em: FERREIRA, Marieta de Moraes; AMADO, Janaína (org.). *Usos e abusos da história oral.* Rio de Janeiro. 5. ed. Rio de Janeiro: Editora FGV, 2002, pp. 183-91.

BRAIA, Ana (org.). *Memórias de Seu Nenê da Vila Matilde.* São Paulo: Lemos, 2000.

BRITTO, Ieda Marques. *Samba na cidade de São Paulo (1900-1930): um exercício de resistência cultural.* São Paulo: FFLCH-USP, 1986. (Antropologia, 14.)

BROOKSHAW, David. *Raça e cor na literatura brasileira.* Porto Alegre: Mercado Aberto, 1983.

BUTLER, Kim D. "Up from Slavery: Afro-Brazilian Activism in São Paulo, 1888-1938". *The Americas*, Cambridge: 1992, v. 49, n. 2, pp. 179-206.

____. *Freedoms Given, Freedoms Won: Afro-Brazilians in Post-Abolition São Paulo and Salvador*. New Brunswick: Rutgers University Press, 1998.

CALLARI, Cláudia Regina. *Identidade e cultura popular: histórias de vida de famílias negras*. Dissertação (mestrado em história) – Universidade de São Paulo. São Paulo: 1993.

CAMARGO, Oswaldo de. *15 poemas negros*. São Paulo: Associação Cultural do Negro, 1961. (Série Cultura Negra, 3.)

____. *O negro escrito: apontamentos sobre a presença do negro na literatura brasileira*. São Paulo: Imprensa Oficial, 1987.

____. *Raiz de um negro brasileiro*. São Paulo: Ciclo Contínuo, 2015.

____. *Lino Guedes, seu tempo e seu perfil*. São Paulo: Ciclo Contínuo, 2016.

CAMPOS, Paulo Fernando de Souza. *Os crimes de preto Amaral: representações da degenerescência em São Paulo*. Tese (doutorado em história) – Universidade Estadual Paulista. Assis: 2003.

____. "As enfermeiras da Legião Negra: representações da enfermagem na Revolução Constitucionalista de 1932". *Faces de Eva. Estudos sobre a Mulher*, Lisboa: 2015, n. 33, pp. 53-65.

____; UILLY, Jhonatan. "Pérolas Negras: a participação de mulheres negras na Revolução Constitucionalista de 1932". *Revista Eletrônica Trilhas da História*, Três Lagoas: 2014, v. 3, n. 6, pp. 121-48.

CAMPOS SOBRINHO, José Carlos de. *João de Camargo de Sorocaba: o nascimento de uma religião*. São Paulo: Editora Senac SP, 1999.

CARDOSO, Paulino de Jesus. *A luta contra a apatia. Estudo sobre a instituição do movimento negro anti-racista na cidade de São Paulo (1915-1931)*. Dissertação (mestrado em história) – Pontifícia Universidade Católica de São Paulo. São Paulo: 1993.

CARNEIRO, Sueli. "A experiência do Geledés: SOS Racismo na tutela dos direitos de cidadania da população negra". Em: MUNANGA, Kabenguele (org.). *Estratégias e políticas de combate à discriminação racial*. São Paulo: Edusp; Estação Ciência, 1996, pp. 133-9.

____; SANTOS, Thereza. *Mulher negra*. São Paulo: Nobel; Conselho Estadual da Condição Feminina, 1985.

CARRANÇA, Flávio. "Hamilton Cardoso e seu tempo". Em: ____ (org.). *Hamilton Cardoso: militante, jornalista e intelectual*. São Paulo: Instituto do Negro Padre Batista, 2008.

Referências bibliográficas

CARVALHO, Carmen Silvia Bueno de Freitas. *As vozes do passado no presente: memória e movimento negro (Estudo de caso: Legião Negra em Marília)*. Dissertação (mestrado em história) – Faculdade de História, Direito e Serviço Social, Universidade Estadual Paulista. Franca: 1996.

CARVALHO, Gilmar Luiz de. *A imprensa negra paulista entre 1915 e 1937: características, mudanças e permanências*. Dissertação (mestrado em história) – Faculdade de Filosofia, Letras e Ciências Humanas, Universidade de São Paulo. São Paulo: 2009.

CASTRO, Cristián. "A comunidade transnacional imaginada da imprensa negra de São Paulo e Chicago, 1900-1940". *Estudos Históricos*, Rio de Janeiro: 2017, v. 30, n. 60, pp. 71-92.

CASTRO, Eliana de Moura; MACHADO, Marília Novais da Mata. *Muito bem, Carolina! Biografia de Carolina Maria de Jesus*. Belo Horizonte: C/Arte, 2007.

CAVALHEIRO, Carlos Carvalho. *Vadios e imorais: preconceito e discriminação em Sorocaba e Médio Tietê*. Sorocaba: Crearte, 2010.

CHALHOUB, Sidney. *Trabalho, lar e botequim: o cotidiano dos trabalhadores no Rio de Janeiro da belle époque*. São Paulo: Brasiliense, 1986.

CONCEIÇÃO, Fernando. "Conhecendo o público do Sambarylove". *Revista USP*. São Paulo: 1996, n. 28, pp. 164-73.

CONTI, Lígia Nassif. *A memória do samba na capital do trabalho: os sambistas paulistanos e a construção de uma singularidade para o samba de São Paulo (1968-1991)*. 227 f. Tese (doutorado em história) – Universidade de São Paulo. São Paulo: 2015.

COOPER, Frederick; HOLT, Thomas C.; SCOTT, Rebecca J. *Além da escravidão: investigações sobre raça, trabalho e cidadania em sociedades pós-emancipação*. Rio de Janeiro: Civilização Brasileira, 2005.

CÔRTES, Giovana Xavier da Conceição. "'Leitoras': gênero, raça, imagem e discurso em *O Menelik* (São Paulo, 1915-1916)". *Afro-Ásia*, Salvador: 2012, n. 46, 2012, pp. 161-91.

COSTA, Alexandre da. *O tigre do futebol: uma viagem nos tempos de Arthur Friedenreich*. São Paulo: DBA, 1999.

COSTA, Emília Viotti da. *Da senzala à Colônia*. 4. ed. São Paulo: Editora Unesp, 1998 [1966].

____. *Da Monarquia à República: momentos decisivos*. 7. ed. São Paulo: Editora Unesp, 1999.

COVIN, David. *The Unified Black Movement in Brazil (1978-2002)*. Jefferson: McFarland & Company, 2006.

COWLING, Camillia. "Negociando a liberdade: mulheres de cor e a transição para o trabalho livre em Cuba e no Brasil, 1870-1888". Em: LIBBY, Douglas Colle; FURTADO, Júnia Ferreira Furtado (org.). *Trabalho livre, trabalho escravo: Brasil e Europa, séculos XVIII e XIX*. São Paulo: Annablume, 2006, pp. 153-75.

CRECIBENI, Nelsinho. *Convocação geral, a folia está na rua: o Carnaval de São Paulo tem história de verdade*. São Paulo: O Artífice, 2000.

CRUZ, Leonardo Borges da. *Antirracismo em Marília: trajetórias e perspectivas de luta do movimento negro*. Dissertação (mestrado em ciências sociais) – Faculdade de Filosofia e Ciências, Universidade Estadual Paulista. Marília: 2006.

CUNHA, Mário Wagner Vieira da Cunha. "Descrição da festa de Bom Jesus de Pirapora". *Revista do Arquivo Municipal*, São Paulo: 1937, v. XLI, pp. 5-36.

CUNHA, Olívia Maria Gomes da; GOMES, Flávio dos Santos (org.). *Quase-cidadão*: histórias e antropologias da pós-emancipação no Brasil. Rio de Janeiro: Editora FGV, 2007.

CUNHA, Pedro Figueiredo Alves da. *Capoeiras e valentões na história de São Paulo (1830-1930)*. Dissertação (mestrado em história) – Faculdade de Filosofia, Letras e Ciências Humanas, Universidade de São Paulo. São Paulo: 2011.

CUNHA JÚNIOR, Henrique. "Teatro negro paulista entre 1970 e 1980". Em: *Textos para o movimento negro*. São Paulo: Edicon, 1992, pp. 57-62.

DAIBERT JUNIOR, Robert. *Isabel, a "redentora" dos escravos: uma história da Princesa entre olhares negros e brancos (1846-1988)*. Bauru: Edusc, 2004.

DÁVILA, Jerry. *Diploma de brancura: política social e racial no Brasil (1917-1945)*. São Paulo: Editora Unesp, 2006.

DE, Jeferson. *Dogma feijoada: o cinema negro brasileiro*. São Paulo: Imprensa Oficial, 2005.

DEAN, Warren. *Rio de Claro: um sistema brasileiro de grande lavoura (1820-1920)*. Rio de Janeiro: Paz e Terra, 1977.

DEMARTINI, Zeila de Brito Fabri. "A escolarização da população negra na cidade de São Paulo nas primeiras décadas do século". *Ande*, São Paulo: 1989, n. 14, pp. 51-60.

DE PAULA, Jeziel. *1932: imagens construindo a história*. Campinas: Editora Unicamp; Piracicaba: Unimep, 1998.

DIAS, Maria Odila Leite da Silva. *Quotidiano e poder em São Paulo no século XIX*. São Paulo: Brasiliense, 1984.

DOMINGUES, Petrônio. "Os pérolas negras: a participação do negro na Revolução Constitucionalista de 1932". *Afro-Ásia*, Salvador: 2003, n. 29-30, pp. 199-245.

____. "Paladinos da liberdade: a experiência do Clube Negro de Cultura Social em São Paulo (1932-1938)". *Revista de História*, São Paulo: 2004a, n. 150, pp. 57-79.

Referências bibliográficas

____. "A nova abolição: a imprensa negra paulista". *Estudos Afro-Asiáticos*, Rio de Janeiro: 2004b, ano 26, n. 3, pp. 539-72.

____. *Uma história não contada: negro, racismo e branqueamento em São Paulo no pós-abolição*. São Paulo: Editora Senac SP, 2004c.

____. *A insurgência de ébano: a história da Frente Negra Brasileira*. 341 f. Tese (doutorado em história) – Faculdade de Filosofia, Letras e Ciências Humanas, Universidade de São Paulo. São Paulo: 2005.

____. *Frentenegrinas: notas de um capítulo da participação feminina na luta antirracista no Brasil*. Cadernos Pagu, Campinas: 2007a, n. 28, pp. 345-74.

____. "'Constantemente derrubo lágrimas': o drama de uma liderança negra no cárcere do governo Vargas". *Topoi*, Rio de Janeiro: 2007b, v. 8, n. 14, pp. 146-71.

____. "Um pedaço da África do outro lado do Atlântico: o terreiro de candomblé Ilê Iya Mi Osun Muiywa (Brasil)". *Diálogos Latinoamericanos*, Aarhus: 2007c, n. 12, pp. 22-41.

____. "'Um templo de luz': Frente Negra Brasileira (1931-1937) e a questão da educação". *Revista Brasileira de Educação*, Rio de Janeiro: 2008, v. 13, n. 39, pp. 517-34.

____. "A 'Vênus negra': Josephine Baker e a modernidade afro-atlântica". *Estudos Históricos*, Rio de Janeiro: 2010a, v. 23, n. 45, pp. 95-124.

____. "Esses intimoratos homens de cor: o associativismo negro em Rio Claro (SP) no pós-abolição". *História Social*, Campinas: 2010b, n. 19, pp. 109-34.

____. "'Esse samba selvagem': o *charleston* na arena afro-atlântica". *Afro-Hispanic Review*, Nashville: 2010c, v. 29, n. 2, pp. 161-74.

____. "Lino Guedes: de filho de ex-escravo à 'elite de cor'". *Afro-Ásia*, Salvador: 2010d, n. 41, pp. 133-66.

____. "'A redenção de nossa raça': as comemorações da abolição da escravatura no Brasil". *Revista Brasileira de História*, São Paulo: 2011a, v. 31, n. 62, pp. 19-48.

____. "'O caminho da verdadeira emancipação': a Federação dos Negros do Brasil". Em: DOMINGUES, Petrônio; GOMES, Flávio (org.). *Experiências da emancipação: biografias, instituições e movimentos sociais no pós-abolição (1890-1980)*. São Paulo: Selo Negro, 2011b, pp. 157-84.

____. "O 'tríduo da loucura': Campos Elyseos e o carnaval afro-diaspórico". *Tempo*, Niterói: 2013, v. 19, n. 35, pp. 117-42.

____. "Cidadania levada a sério: os republicanos de cor no Brasil". Em: DOMINGUES, Petrônio; GOMES, Flávio (org.). *Políticas da raça: experiências e legados da abolição e da pós-emancipação no Brasil*. São Paulo: Selo Negro, 2014, pp. 121-54.

____. "O 'campeão do Centenário': raça e nação no futebol paulista". *História Unisinos*, São Leopoldo: 2015, v. 19, n. 3, pp. 368-76.

____. "A 'aurora de um grande feito': a herma a Luiz Gama". *Anos 90*, Porto Alegre: 2016, v. 23, n. 43, pp. 389-416.

____. *Estilo avatar: Nestor Macedo e o populismo no meio afro-brasileiro*. São Paulo: Alameda, 2018a.

____. "'Em defesa da humanidade': a Associação Cultural do Negro". *Dados*, Rio de Janeiro: 2018b, v. 61, n. 1, pp. 171-211.

____. "Nos acordes da raça: a era do jazz no meio afro-brasileiro". *Tempo e Argumento*, Florianópolis: 2018c, v. 10, n. 25, pp. 66-98.

DUARTE, Luiz Carlos. *Friedenreich: a saga de um craque nos primeiros tempos do futebol brasileiro*. São Caetano do Sul: Casa Maior, 2012.

DU BOIS, W. E. B. *As almas da gente negra*. Rio de Janeiro: Lacerda, 1999 [1903].

ELLIS JÚNIOR, Alfredo. "O negro". Em: *Populações paulistas*. São Paulo: Companhia Editora Nacional, 1934, pp. 90-120.

FANON, Frantz. *Os condenados da terra*. Juiz de Fora: Editora UFJF, 2005 [1961].

FAUSTO, Boris. *Crime e cotidiano: a criminalidade em São Paulo (1880-1924)*. São Paulo: Brasiliense, 1984.

____. *O crime do restaurante chinês: Carnaval, futebol e justiça na São Paulo dos anos 1930*. São Paulo: Companhia das Letras, 2009.

FEBVRE, Lucien. *Combates pela História*. Lisboa: Presença, 1989.

FELIX, Marcelino. *As práticas político-pedagógicas da Frente Negra Brasileira na cidade de São Paulo (1931-1937)*. Dissertação (mestrado em educação) – Pontifícia Universidade Católica de São Paulo. São Paulo: 2001.

FERNANDES, Florestan. "Contribuição para o estudo de um líder carismático". *Revista do Arquivo Municipal*, São Paulo: 1951, v. CXXXVIII, pp. 19-34.

____. "Do escravo ao cidadão"; "Cor e estrutura social em mudança"; "A luta contra o preconceito de cor". Em: BASTIDE, Roger; FERNANDES, Florestan. *Brancos e negros em São Paulo: ensaio sociológico sobre aspectos da formação, manifestações atuais e efeitos do preconceito de cor na sociedade paulistana*. 2 ed. São Paulo: Companhia Editora Nacional, 1959.

____. "Congadas e batuques em Sorocaba". Em: *O negro no mundo dos brancos*. São Paulo: Difel, 1972, pp. 239-55.

____. *A integração do negro na sociedade de classes*. 3. ed. 2. v. São Paulo: Ática, 1978 [1965].

____. *Significado do protesto negro*. São Paulo: Cortez; Autores Associados, 1989.

FERRARA, Miriam Nicolau. "A imprensa negra paulista (1915-1963)". *Revista Brasileira de História*. São Paulo: 1985, v. 5, n. 10, pp. 197-207.

Referências bibliográficas

_____. *A imprensa negra paulista (1915-1963)*. São Paulo: FFLCH-USP, 1986. (Série Antropologia, 13.)

FERREIRA, Lania Stefanoni. *Racismo na "família ferroviária": brancos e negros na Companhia Paulista em São Carlos*. 121 f. Dissertação (mestrado em ciências humanas) – Centro de Educação e Ciências Humanas, Universidade Federal de São Carlos. São Carlos: 2004.

_____. *Entroncamento entre raça e classe: ferroviários no Centro Oeste Paulista, 1930-1970*. 259 f. Tese (doutorado em ciências sociais) – Universidade Estadual de Campinas, Instituto de Filosofia e Ciências Humanas. Campinas: 2010.

FERREIRA, Lígia. "'Negritude', 'negridade', 'negrícia': história e sentidos de três conceitos viajantes". *Via Atlântica*, São Paulo: 2006, n. 9, 163-84.

FERREIRA, Maria Cláudia Cardoso. *Representações sociais e práticas políticas do movimento negro paulistano: as trajetórias de Correia Leite e Veiga dos Santos (1928-1937)*. 224 f. Dissertação (mestrado em história) – Universidade do Estado do Rio de Janeiro, Instituto de Filosofia e Ciências Humanas. Rio de Janeiro: 2005.

FERREIRA, Ricardo Franklin. *Afro-descendente: identidade em construção*. São Paulo: Educ; Rio de Janeiro: Pallas, 2000.

FLORES, Elio Chaves. "Jacobinismo negro: lutas políticas e práticas emancipatórias (1930-1964)". Em: FERREIRA, Jorge; REIS, Daniel Aarão. *As esquerdas no Brasil*, v. 1: A formação das tradições (1889-1945). Rio de Janeiro: Civilização Brasileira, 2007, pp. 493-537.

FONER, Eric. *Nada além da liberdade: a emancipação e seu legado*. Rio de Janeiro: Paz e Terra, 1988.

_____. "O significado da liberdade". *Revista Brasileira de História*, São Paulo: 1988, v. 8, n. 16, pp. 9-36.

FONTANA, Celso. *Os negros na Assembleia*. São Paulo: Alesp, 2007.

FRANCISCO, Flávio Thales Ribeiro. *Fronteiras em definição: identidades negras e imagens dos Estados Unidos e da África no jornal* O Clarim da Alvorada *(1924-1932)*. 178 f. Dissertação (mestrado em história social) – Faculdade de Filosofia, Letras e Ciências Humanas, Universidade de São Paulo. São Paulo: 2010.

_____. "A redenção da raça negra em uma perspectiva internacional: discursos do garveysmo no jornal *O Clarim da Alvorada*". *Faces da História*, Assis: 2017, v. 1, n. 1, pp. 89-105.

FRAZIER, Edward Franklin. *Black bourgeoisie*. New York: Free Press Paperbacks, 1997 [1957].

FREITAS, Clovis Glycerio Gracie de. *Jornada republicana: Francisco Glycerio*. São Paulo: Plexus, 2000.

FRENCH, John. "As falsas dicotomias entre escravidão e liberdade: continuidades e rupturas na formação política e social do Brasil moderno". Em: LIBBY, Douglas Colle; FURTADO, Júnia Ferreira. *Trabalho livre, trabalho escravo: Brasil e Europa, séculos XVIII e XIX*. São Paulo: Annablume, 2006, pp. 75-96.

FRY, Peter; VOGT, Carlos. *Cafundó: a África no Brasil – linguagem e sociedade*. São Paulo: Companhia das Letras, 1996.

GARCIA, Marinalda. *Os arcanos da cidadania: a imprensa negra paulistana nos primórdios do século XX*. São Paulo, Dissertação (mestrado em história) – Faculdade de Filosofia, Letras e Ciências Humanas, Universidade de São Paulo. São Paulo: 1994.

GILROY, Paul. *O Atlântico negro: modernidade e dupla consciência*. São Paulo: Editora 34, 2001.

_____. *Entre campos: nações, cultura e o fascínio da raça*. São Paulo: Annablume, 2007.

GINSBERG, Aniela Meyer. "Pesquisas sobre as atitudes de um grupo de escolares de São Paulo em relação com as crianças de cor". Em: BASTIDE, Roger; FERNANDES, Florestan (org.). *Relações raciais entre negros e brancos em São Paulo: ensaio sociológico sobre as origens, as manifestações e os efeitos do preconceito de cor no município de São Paulo*. São Paulo: Anhembi, 1955, pp. 311-61.

GINZBURG, Carlo. *O queijo e os vermes: o cotidiano e as ideias de um moleiro perseguido pela Inquisição*. São Paulo: Companhia das Letras, 1987.

_____. "Provas e possibilidades à margem de *Il ritorno de Martin Guerre*, de Natalie Zemon Davis". Em: GINZBURG, Carlo; CASTELNUOVO, Enrico; PONI, Carlo. *A micro-história e outros ensaios*. Lisboa: Difel, 1989, pp. 179-202.

GIRARDELLI, Elsie da Costa. *Ternos de congo de Atibaia*. Rio de Janeiro: Funarte, 1978.

GITAHY, Maria Lucia Caira. *Ventos do mar: trabalhadores do porto, movimento operário e cultura urbana em Santos (1889-1914)*. São Paulo: Editora Unesp; Santos: Prefeitura Municipal de Santos, 1992.

GOMES, Flávio. "No meio das águas turvas: racismo e cidadania no alvorecer da República: a Guarda Negra na Corte (1888-1889)". *Estudos Afro-Asiáticos*, Rio de Janeiro: 1991, n. 21, pp. 75-96.

_____. *Experiências atlânticas*: ensaios e pesquisas sobre a escravidão e o pós-emancipação no Brasil. Passo Fundo, RS: UPF, 2003.

_____. *Negros e política (1888-1937)*. Rio de Janeiro: Jorge Zahar, 2005.

_____; FAGUNDES, Ana Maria. "Por uma 'anthologia dos negros modernos': notas sobre cultura política e memória nas primeiras décadas republicanas". *Revista Universidade Rural: Série Ciências Humanas*, UFRRJ, v. 29, n. 2, 2007, pp. 72-88.

GOMES, Heloísa Toller. "Lino Guedes". Em: DUARTE, Eduardo de Assis (org.). *Literatura e afrodescendência no Brasil: ontologia crítica*, v. 1. Belo Horizonte: UFMG, 2011, p. 349-63.

GOMES, Janaína Damaceno. *Os segredos de Virgínia: estudos de atitudes raciais em São Paulo (1945-1955)*. 180 f. Tese (doutorado em antropologia social) – Faculdade de Filosofia, Letras e Ciências Humanas, Universidade de São Paulo, São Paulo, 2013.

GOMES, Tiago de Melo. "Lutando por uma democracia racial: raça e nação na trajetória da Companhia Negra de Revistas". Em: GOMES, Tiago de Melo. *Um espelho no palco: identidades sociais e massificação da cultura no teatro de revistas dos anos 1920*. Campinas: Unicamp, 2004, pp. 287-374.

GONÇALVES, José Roberto. *O Getulino – um jornal de Carapinha: jornal editado por jovens negros em Campinas (1923/1925)*. Tese (doutorado em história) – Pontifícia Universidade Católica de São Paulo. São Paulo: 2012.

GONÇALVES JUNIOR, René Duarte. *Friedenreich e a reinvenção de São Paulo: o futebol e a vitória na fundação da metrópole*. Dissertação (mestrado em história) – Faculdade de Filosofia, Letras e Ciências Humanas, Universidade de São Paulo, São Paulo, 2008.

GUARINELLO, Norberto Luiz. "Memória coletiva e história científica". *Revista Brasileira de História*, São Paulo, n. 28, 1994, pp. 180-93.

GUEDES, Lino. *O canto do Cysne Preto*. São Paulo: Typ. Áurea, 1927.

GUIMARÃES, Antônio Sérgio Alfredo. "Notas sobre raça, cultura e identidade na imprensa negra de São Paulo e Rio de Janeiro, 1925-1950". *Afro-Ásia*, Salvador: 2003, n. 29-30, pp. 247-69.

GUIRRO, Leandro Antonio. *Intelectualidade e imprensa negra paulista: os casos do Getulino e Progresso (1923-1931)*. 132 f. Dissertação (mestrado em história) – Faculdade de Filosofia, Ciências e Letras, Universidade Estadual Paulista. Assis: 2013.

____; SANTOS, G. P. T. "Monteiro Lopes: um médico negro à serviço da saúde prudentina". Em: PAULA, Ricardo Pires de et al. *Presidente Prudente: uma cidade, muitas histórias*. Presidente Prudente: FCT; Unesp, 2012, pp. 67-79.

GUSMÃO, Neusa Maria Mendes de. "Fundo de memória: infância e escola em famílias negras de São Paulo". *Cadernos CEDES*, Campinas: 1997, v. 1, n. 38, pp. 53-74.

HALL, Stuart. *Da diáspora: identidades e mediações culturais*. Trad. Adelaine La Guardiã Resende et al. Belo Horizonte: Editora UFMG; Brasília: Representação da Unesco no Brasil, 2003.

_____. "Identidade cultural e diáspora". *Revista do Patrimônio Histórico e Artístico Nacional*, n. 24, 1996, pp. 68-75.

HAMMOND, Harley Ross. "Race, Social Mobility and Politics in Brazil". *Race & Class*, London: 1963, v. 4, n. 2, pp. 3-13.

HANCHARD, Michael. "Raça, hegemonia e subordinação na cultura popular". *Estudos Afro-Asiáticos*, Rio de Janeiro: 1991, n. 21, pp. 5-25.

_____. *Orfeu e o poder: movimento negro no Rio de Janeiro e São Paulo (1945-1988)*. Rio de Janeiro: EdUERJ, 2001.

HASENBALG, Carlos Alfredo. *Discriminação e desigualdades raciais no Brasil*. Rio de Janeiro: Graal, 1979.

HOFBAUER, Andreas. *Uma história de branqueamento ou o negro em questão*. São Paulo: Editora Unesp, 2006.

IANNI, Octavio. "Samba no terreiro de Itu". *Revista de História*, São Paulo: 1956, n. 25, pp. 403-26.

_____. "Do escravo ao cidadão". Em: *Raças e classes sociais no Brasil*. 2. ed. Rio de Janeiro: Civilização Brasileira, 1972, pp. 5-34.

JACINO, Ramatis. *Transição e exclusão: o negro no mercado de trabalho em São Paulo pós-abolição (1912-1920)*. São Paulo: Nefertiti, 2015.

JANOTTI, Maria de Lourdes Mônaco. "O desafio da história oral". *Ciência Hoje*, Rio de Janeiro: 1988, v. 8, n. 48, suplemento, pp. 32-5.

_____; QUEIROZ, Suely Robles Reis de. "Memória da escravidão em famílias negras de São Paulo". *Revista do Instituto de Estudos Brasileiros*, São Paulo: 1988, n. 28, pp. 77-89.

JESUS, Carolina Maria de. *Quarto de despejo: diário de uma favelada*. São Paulo: Francisco Alves, 1960.

_____. *Casa de alvenaria: diário de uma ex-favelada*. São Paulo: Francisco Alves, 1961.

_____. *Pedaços da fome*. São Paulo: Áquila, 1963.

_____. *Diário de Bitita*. Rio de Janeiro: Nova Fronteira, 1986.

_____. "Minha vida". Em: MEIHY, José Carlos Sebe Bom; LEVINE, Robert M. *Cinderela negra: a saga de Carolina Maria de Jesus*. Rio de Janeiro: Editora UFRJ, 1994, pp. 172-89.

_____. *Antologia pessoal*. Org. José Carlos Sebe Bom Meihy. Rio de Janeiro: Editora UFRJ, 1996.

KABENGELE, Daniela do Carmo. *O "pardo" Antonio Ferreira Cesarino (1808-1892) e o trânsito das mercês*. Aracaju: Edunit, 2015.

KELLEY, Robin D. G. "'But a Local Phase of a World Problem': Black History's Global Vision, 1883-1950". *The Journal of American History*, Bloomington: 1999, v. 86, n. 3, pp. 1.045-77.

Referências bibliográficas

KOGURUMA, Paulo. "A saracura: ritmos sociais e temporalidades da metrópole do café (1890-1920)". *Revista Brasileira de História*, São Paulo: 1999, v. 19, n. 38, pp. 81-99.

____. *Conflitos do imaginário: as práticas e crenças afro-brasileiras na "metrópole do café" (1890-1920)*. São Paulo: Annablume, 2001.

____. "A cidade de São Paulo cosmopolita: racismo e exclusão (1890-1920)". *Dimensões: Revista de História da UFES*, Vitória: 2002, n. 10, pp. 47-59.

KOSSLING, Karin Sant'Anna. *As lutas antirracistas de afrodescendentes sob vigilância do Deops/SP (1964-1983)*. 314 f. Dissertação (mestrado em história social) – Faculdade de Filosofia, Letras e Ciências Humanas, Universidade de São Paulo. São Paulo: 2007.

____. Vigilância e repressão aos movimentos negros (1964-1983). Em: DOMINGUES, Petrônio; GOMES, Flávio (org.). *Experiências da emancipação: biografias, instituições e movimentos sociais no pós-abolição (1890-1980)*. São Paulo: Selo Negro, 2011, pp. 287-307.

LANNA, Ana Lúcia Duarte. *Uma cidade na transição, Santos (1870-1913)*. São Paulo: Hucitec; Santos: Prefeitura de Santos, 1991.

LARA, Silvia Hunold. "*Blowin' in the Wind*: E. P. Thompson e a experiência negra no Brasil". *Projeto História*, São Paulo: 1995, n. 12, pp. 43-56.

____. "Escravidão, cidadania e história do trabalho no Brasil". *Projeto História*, São Paulo: 1998, n. 16, pp. 25-38.

LE GOFF, Jacques. *História e memória*. 5. ed. Campinas: Editora Unicamp, 2003.

LEITE, José Correia. *... E disse o velho militante José Correia Leite: depoimentos e artigos*. Org. Cuti (Luiz Silva). São Paulo: Secretaria Municipal da Cultura, 1992.

____; MOREIRA, Renato Jardim. *Movimentos sociais no meio negro*. São Paulo, mimeo, s/d.

LEVI, Giovanni. "Usos da biografia". Em: FERREIRA, Marieta de Moraes; AMADO, Janaína (org.). *Usos e abusos da história oral*. 5. ed. Rio de Janeiro: Editora FGV, 2002, pp. 167-82.

LIMA, Alex Benjamim de. *Em tintas negras: cultura impressa e intelectualidade em "A Voz da Raça" (1933-1937)*. 93 f. Dissertação (mestrado em história), Faculdade de Ciências e Letras, Universidade Estadual Paulista. Assis: 2011.

LIMA, Solange Martins Couceiro de. *O negro na televisão de São Paulo: um estudo de relações raciais*. São Paulo: Editora FFLCH-USP, 1983. (Série Antropologia, 3.)

LINGER, Daniel Touro. "Preconceito branco, consciência negra e resistência à discriminação em São Paulo nos anos 30". *Cadernos de Pesquisa*, São Luís: 1988, v. 4, n. 1, pp. 120-34.

LOPES, José Sérgio Leite. "Classe, etnicidade e cor na formação do futebol brasileiro". Em: BATALHA, Claudio H. M.; SILVA, Fernando Teixeira da; FORTES, Alexandre (org.). *Culturas de classe: identidade e diversidade na formação do operariado.* Campinas: Editora Unicamp, 2004, pp. 121-63.

LOPES, Maria Aparecida de Oliveira. *Beleza e ascensão social na imprensa negra paulistana (1920-1940).* 234 f. Dissertação (mestrado em história) – Pontifícia Universidade Católica de São Paulo. São Paulo: 2002.

____. *História e memória do negro em São Paulo: efemérides, símbolos e identidade (1945-1978).* 232 f. Tese (doutorado em história) – Faculdade de Ciências e Letras, Universidade Estadual Paulista. Assis: 2007.

LORIGA, Sabina. "A biografia como problema". Em: REVEL, Jacques (org.). *Jogos de escalas: a experiência da microanálise.* Trad. Dora Rocha. Rio de Janeiro: Editora FGV, 1998, pp. 225-49.

LOWRIE, Samuel Harman. "O elemento negro na população de São Paulo". *Revista do Arquivo Municipal.* São Paulo: 1938, v. XLVIII, pp. 5-56.

____. "Racial and National Intermarriage in a Brazilian City". *American Journal of Sociology,* Chicago: 1939, v. 44, n. 5, pp. 684-707.

LUCA, Tânia Regina de. "Representações do trabalho". *Ciência Hoje,* suplemento, v. 8, n. 48, 1988, pp. 40-5.

LUCINDO, Willian Robson Soares. *Educação no pós-abolição: um estudo sobre as propostas educacionais de afrodescendentes (São Paulo, 1918-1931).* 108 f. Dissertação (mestrado em história) – Universidade do Estado de Santa Catarina, Centro de Ciências Humanas e da Educação. Florianópolis: 2010.

____. "Negros e a cidade: sociabilidades das populações de origem africana e a emergência do Centro Cívico Palmares". *Revista da Associação Brasileira de Pesquisadores/as Negros/as (ABPN),* Goiânia: 2013, v. 5, n. 11, pp. 204-19.

____. "Negros em festas: cidadania e comemorações das Associações de Homens de Cor na cidade de São Paulo (1902-1931)". Em: RASCKE, Karla Leandro; PINHEIRO, Lisandra Macedo (org.). *Festas da diáspora negra no Brasil: memória, história e cultura.* Porto Alegre: Pacartes, 2016, pp. 135-60.

LUCRÉCIO, Francisco. "Memória histórica: a Frente Negra Brasileira". *Revista de Cultura Vozes,* Petrópolis: 1989, v. 83, n. 3, pp. 332-42.

LUIZA JÚNIOR, Maria. *A formação política do MNU – Movimento Negro Unificado.* Dissertação (mestrado em história social) – Faculdade de Filosofia, Letras e Ciências Humanas, Universidade de São Paulo. São Paulo, 2008.

MACHADO, Carlos Eduardo Dias. *População negra e escolarização na cidade de São*

Paulo nas décadas de 1920 e 1930. 154 f. Dissertação (mestrado em história social) – Faculdade de Filosofia, Letras e Ciências Humanas, Universidade de São Paulo. São Paulo: 2009.

MACHADO, Humberto Fernandes. "Abolição e cidadania: a Guarda Negra da Redentora". *Passagens. Revista Internacional de História Política e Cultura Jurídica*, Niterói: 2013, v. 5, n. 3, pp. 505-24.

MACHADO, Maria Helena Pereira Toledo. *O plano e o pânico: os movimentos sociais na década da Abolição*. Rio de Janeiro: Editora UFRJ; São Paulo: Edusp, 1994.

____. "De rebeldes a fura-greves: as duas faces da experiência da liberdade dos quilombolas do Jabaquara na Santos da pós-emancipação". Em: CUNHA, Olívia Maria Gomes da; GOMES, Flávio dos Santos (org.). *Quase-cidadão: histórias e antropologias da pós-emancipação no Brasil*. Rio de Janeiro: Editora FGV, 2007, pp. 241-82.

MACIEL, Cleber da Sliva. *Discriminações raciais: negros em Campinas (1888-1926)*. 2. ed. Campinas: CMU; Unicamp, 1997 [1987].

MAIA, Luciana. *Força negra: a luta pela autoestima de um povo*. São Paulo: Autografia, 2015.

MAIO, Marcos Chor. "A contribuição de Virgínia Leone Bicudo aos estudos sobre as relações raciais no Brasil". Em: BICUDO, Virgínia L. *Atitudes raciais de pretos e mulatos em São Paulo*. São Paulo: Sociologia e Política, 2010a, pp. 23-60.

____. "Educação sanitária, estudos de atitudes raciais e psicanálise na trajetória de Virgínia Leone Bicudo". *Cadernos Pagu*, Campinas: 2010b, n. 35, pp. 309-55.

MALATIAN, Teresa. *O cavaleiro negro: Arlindo Veiga dos Santos e a Frente Negra Brasileira*. São Paulo: Alameda, 2015.

MALINOFF, Jane. "Poetry for the People: Lino Guedes and Black Folk Style in Early Twentieth Century Afro-Brazilian Verse". *Research in African Literatures*, Bloomington: 1982, v. 13, n. 3, pp. 366-82.

MANDARINO, Thiago Marques. *A vida através da morte: formação do mercado de trabalho livre e o destino dos negros – Rio Claro, 1875-1930*. São Paulo: Alameda, 2014.

MANZATTI, Marcelo Simon. *Samba paulista, do centro cafeeiro à periferia do centro: estudo sobre o samba de bumbo ou samba rural paulista*. 377 f. Dissertação (mestrado em ciências sociais) – Departamento de Ciências Sociais, Pontifícia Universidade Católica de São Paulo. São Paulo: 2005.

MARCELINO, Márcio Michalczuk. *Uma leitura do samba rural ao samba urbano na cidade de São Paulo*. Dissertação (mestrado em geografia humana) – Faculdade de Filosofia, Letras e Ciências Humanas, Universidade de São Paulo. São Paulo: 2007.

MARQUES, José Geraldo. *Imprensa e resistência negra: o projeto integracionista em discursos do Getulino*. 210 f. Tese (doutorado em linguística) – Instituto de Estudos da Linguagem, Universidade Estadual de Campinas. Campinas: 2008.

MARTINS, José de Souza. *O cativeiro da terra*. São Paulo: Livraria Editora Ciências Humanas, 1979.

MATTOS, Augusto de Oliveira. *Guarda Negra: a Redemptora e o ocaso do Império*. Brasília: Hinterlândia, 2009.

MATTOS, Dalmo Belfort de. "As macumbas em São Paulo". *Revista do Arquivo Municipal*, São Paulo: 1938, v. XLIX, pp. 150-60.

MEIHY, José Carlos Sebe Bom. "Os fios dos desafios: o retrato de Carolina Maria de Jesus no tempo presente". Em: SILVA, Vagner Gonçalves (org.). *Artes do corpo*. São Paulo: Selo Negro, 2004, pp. 15-53. (Memória Afro-Brasileira, v. 2).

____; LEVINE, Robert M. *Cinderela negra: a saga de Carolina Maria de Jesus*. Rio de Janeiro: Editora UFRJ, 1994.

MELLO, Marina Pereira de Almeida. *O ressurgir das cinzas: negros paulistas no pós--abolição, identidade e alteridade na imprensa negra paulista (1915-1923)*. São Paulo (mestrado em história) – Faculdade de Filosofia, Letras e Ciências Humanas, Universidade de São Paulo. São Paulo: 1999.

____. *Não somos africanos... somos brasileiros...: povo negro, imigrantismo e identidade paulistana nos discursos da imprensa negra e da imprensa dos imigrantes (1900-1924), dissensões e interações*. 256 f. Tese (doutorado em antropologia social) – Faculdade de Filosofia, Letras e Ciências Humanas, Universidade de São Paulo. São Paulo: 2005.

MENDONÇA, Luciana Ferreira Moura. "As mulheres guerreiras do Oriashé: música e negritude no contexto urbano". *Cadernos de Campo*, São Paulo: 1993, v. 3, pp. 47-63.

____. *Movimento negro: da marca da inferioridade racial à construção da identidade étnica*. 124 f. Dissertação (mestrado em antropologia social) – Faculdade de Filosofia, Letras e Ciências Humanas, Universidade de São Paulo. São Paulo: 1996.

MENESES, Ulpiano Bezerra de. "História, cativa da memória: para um mapeamento da memória no campo das Ciências Sociais". *Revista do Instituto de Estudos Brasileiros*, São Paulo: 1992, n. 34, pp. 9-23.

MINTZ, Sidney W.; PRICE, Richard. *O nascimento da cultura afro-americana: uma perspectiva antropológica*. Rio de Janeiro: Pallas; Universidade Cândido Mendes, 2003.

MIRANDA, Clícea Maria Augusto de. "Memórias e histórias da Guarda Negra: verso e reverso de uma combativa organização de libertos" Em: CASTILHO,

Celso Thomas e MACHADO, Maria Helena Pereira Toledo (org). *Tornando-se livre: agentes históricos e lutas sociais no processo de Abolição*. São Paulo: Edusp, 2015, pp. 369-83.

MIRANDA, Rodrigo. *Um caminho de suor e letras: a militância negra em Campinas e a construção de uma comunidade imaginada nas páginas do Getulino (Campinas, 1923-1926)*. Dissertação (mestrado em história) – Instituto de Filosofia e Ciências Humanas, Universidade Estadual de Campinas. Campinas: 2005.

MITCHELL, Michael. *Racial Consciousness and the Political Attitudes and Behavior of Blacks in São Paulo, Brazil*. Tese (doutorado em ciência política) – Indiana University. Bloomington: 1977.

____. "Blacks and the Abertura Democrática". Em: FONTAINE, Pierre-Michel (org.). *Race, Class, and Power in Brazil*. Los Angeles: Center for Afro-American Studies, UCLA, 1985, pp. 95-119.

____. "Racial Identity and Political Vision in the Black Press of São Paulo, Brazil, 1930-1947". *Contributions in Black Studies: A Journal of African and Afro-American Studies*, Amherst: 1991-2, v. 9-10.

____. "Os movimentos sociais negros na Era Vargas". Em: DOMINGUES, Petrônio; GOMES, Flávio (org.). *Experiências da emancipação: biografias, instituições e movimentos sociais no pós-abolição (1890-1980)*. São Paulo: Selo Negro, 2011, pp. 185-201.

MONROE, Alicia L. *Brotherhoods of their Own: Black Confraternities and Civic Leadership in São Paulo, Brazil, 1850-1920*. Tese (doutorado em história) – Emory University. Atlanta: 2014.

____. "To Govern the Church: Autonomy and the Consequences of Self-Determination for the Brotherhood of Saint Efigênia and Saint Elesbão of Black Men of São Paulo, Brazil, 1888-1890". *Hispanic American Historical Review*, Durham: 2017, v. 97, n. 1, pp. 63-94.

MONSMA, Karl. "Conflito simbólico e violência interétnica: europeus e negros no Oeste Paulista, 1888-1914". *História em Revista*, Pelotas: 2004, n. 10, pp. 95-115.

____. "Desrespeito e violência: fazendeiros de café e trabalhadores negros no Oeste Paulista, 1887-1914". *Anos 90*, Porto Alegre: 2006, v. 12, n. 21-2, pp. 103-49.

____. "Identidades, desigualdade e conflito: imigrantes e negros em um município do interior paulista, 1888-1914: notas de pesquisa". *História Unisinos*, São Leopoldo: 2007a, v. 11, n. 1, pp. 111-6.

____. "Prefácio". Em: ANDREWS, George Reid. *América Afro-Latina (1800-2000)*. São Carlos: EdUFSCar, 2007b, pp. 15-28.

____. "Linchamentos raciais depois da abolição: quatro casos do interior paulista". Em: *Anais do XXVIII Congresso Internacional da Latin American Studies Association*, Rio de Janeiro: 2009.

____. "Vantagens de imigrantes e desvantagens de negros: emprego, propriedade, estrutura familiar e alfabetização depois a abolição no Oeste Paulista". *Dados: Revista de Ciências Sociais*, Rio de Janeiro: 2010, v. 53, n. 3, pp. 509-43.

____. *A reprodução do racismo: fazendeiros, negros e imigrantes no Oeste Paulista, 1880-1914*. São Carlos: EdUFSCar, 2016.

MORAES, José Geraldo Vinci de. *Sonoridades paulistanas: a música popular na cidade de São Paulo (final do século XIX ao início do século XX)*. Rio de Janeiro: Funarte, 1997.

____. *Metrópole em sinfonia: história, cultura e música popular na São Paulo dos anos 1930*. São Paulo: Estação Liberdade, 2000.

MORAES, Wilson Rodrigues de. *Escolas de samba de São Paulo (capital)*. São Paulo: Conselho Estadual de Artes e Ciências Humanas, 1978.

MOREIRA, Renato Jardim. "Brancos em bailes de negros". *Anhembi*, São Paulo: 1956, v. 24, n. 71, pp. 274-88.

MORSE, Richard M. "The Negro in São Paulo, Brazil". *Journal of Negro History*, Washington: 1953, v. 38, n. 3, pp. 290-306.

MOTTA, Rafael. *Tarquínio: começar de novo*. Santos: Leopoldianum, 2012.

MOTTA, Ubirajara Damaceno da. *Jornegro: um projeto de comunicação afro-brasileira*. Dissertação (mestrado em comunicação) – Instituto Metodista de Ensino Superior. São Bernardo do Campo: 1986.

MOTTA-MAUÉS, Maria Angélica. "Da 'branca senhora' ao 'negro herói': a trajetória de um discurso racial". *Estudos Afro-Asiáticos*, Rio de Janeiro: 1991, n. 21, pp. 119-29.

____. "Adivinhe quem não veio ao Congresso? Raça e cidadania na imprensa negra paulista". Em: QUINTAS, Fátima (org.). *O negro: identidade e cidadania. Anais do IV Congresso Afro-Brasileiro*, v. 2. Recife: Fundaj, 1995, pp. 140-57.

____. *Negro sobre negro: a questão racial no pensamento das elites negras brasileiras*. 330 f. Tese (doutorado em sociologia) – Instituto Universitário de Pesquisas do Rio de Janeiro, Conjunto Universitário Cândido Mendes. Rio de Janeiro: 1997.

____. "Negros em bailes de negros: sociabilidade e ideologia racial no meio negro em Campinas (1950-1960)". *Revista de Antropologia* (USP). São Paulo: 2009, v. 52, pp. 705-34.

MOURA, Clóvis. *O negro: de bom escravo a mau cidadão?* Rio de Janeiro: Conquista, 1977.

Referências bibliográficas

____. "Organizações negras". Em: SINGER, Paulo; BRANT, Vinicius Caldeira (org.). *São Paulo: o povo em movimento*. Petrópolis: Vozes; São Paulo: Cebrap, 1980, pp. 143-75.

____. "A imprensa negra em São Paulo". Em: *Sociologia do negro brasileiro*. São Paulo: Ática, 1988, pp. 204-17.

____. *As injustiças de Clio: o negro na historiografia brasileira*. Belo Horizonte: Oficina de Livros, 1990.

____. "Especificidade e dinamismo dos movimentos de São Paulo". Em: *Dialética radical do Brasil negro*. São Paulo: Anita, 1994, pp. 209-49.

MUNIZ JÚNIOR, José. *Do batuque à escola de samba: subsídios para a história do samba*. São Paulo: Símbolo, 1976.

NASCIMENTO, Maria Ercilia do. *A estratégia da desigualdade: o movimento negro dos anos 70*. Dissertação (mestrado em ciências sociais) – Pontifícia Universidade Católica de São Paulo. São Paulo: 1989.

NEGRÃO, Lísias Nogueira. *Entre a cruz e a encruzilhada: formação do campo umbandista em São Paulo*. São Paulo: Edusp, 1996.

NOGUEIRA, Claudete de Souza. "O samba de umbigada paulista: memória, resistência cultural e construção de identidades". *Resgate*, Campinas: 2007, n. 16, pp. 35-50.

____. *Batuque de umbigada paulista: memória familiar e educação não formal no âmbito da cultura afro-brasileira*. 155 f. Tese (doutorado em educação) – Faculdade de Educação, Universidade Estadual de Campinas. Campinas: 2009.

NOGUEIRA, Oracy. "Atitude desfavorável de alguns anunciantes de São Paulo em relação aos empregados de cor". *Revista de Sociologia*, São Paulo: 1942, n. 4, pp. 328-58.

____. *Negro político, político negro: a vida do doutor Alfredo Casemiro da Rocha, parlamentar da "República Velha"*. São Paulo: Edusp, 1992.

____. *Preconceito de marca: as relações raciais em Itapetininga*. São Paulo: Edusp, 1998.

NOMELINI, Paula Christina Bin. *Associações operárias mutualistas e recreativas em Campinas (1906-1930)*. Dissertação (mestrado em história) – Instituto de Filosofia e Ciências Humanas, Universidade Estadual de Campinas. Campinas: 2007.

____. "Um estudo sobre associações operárias e mutualistas e recreativas em Campinas (1906-1930)". *História Social*, Unicamp: 2008, n. 14-5, pp. 83-99.

NORA, Pierre. "Entre memória e história: a problemática dos lugares". *Projeto História*. São Paulo, PUC, n. 10, 1993, pp. 7-28.

OBALUAÊ, Neninho de. *Beco sem saída: eu vivi no Carandiru*. Rio de Janeiro: Rosa dos Tempos, 1999.

OLIVEIRA, André Côrtes de. *Quem é a "Gente Negra Nacional"? Frente Negra Brasileira e A Voz da Raça (1933-1937)*. Dissertação (mestrado em história) – Instituto de Filosofia e Ciências Humanas, Universidade Estadual de Campinas. Campinas: 2006.

OLIVEIRA, Eduardo de. *A cólera dos generosos: retrato da luta do negro para o negro*. São Paulo: Sonda; Meca, 1988.

OLIVEIRA, Fábio Nogueira de; RIOS, Flavia. "Consciência negra e socialismo: mobilização racial e redes socialistas na trajetória de Hamilton Cardoso (1954-1999)". *Contemporânea*, São Carlos: 2014, v. 4, n. 2, pp. 507-30.

OLIVEIRA, Joana D'Arc de. *Da senzala para onde? Negros e negras no pós-abolição em São Carlos-SP (1880-1910)*. 406 f. Tese (doutorado em arquitetura e urbanismo) – Instituto de Arquitetura e Urbanismo, Universidade de São Paulo. São Carlos: 2015.

OLIVEIRA, José Flávio de; TERCI, Eliana Tadeu. "História e memória negra na região de Piracicaba: a Sociedade Beneficente 13 de Maio". *Impulso*, Piracicaba: 1989, ano 3, n. 5, pp. 5-20.

OLIVEIRA, Laiana Lannes de. *A Frente Negra Brasileira: política e questão racial nos anos 1930*. Dissertação (mestrado em história) – Universidade Estadual do Rio de Janeiro. Rio de Janeiro: 2002.

_____. *Entre a miscigenação e a multirracialização: brasileiros negros ou negros brasileiros? Os desafios do movimento negro brasileiro no período de valorização nacionalista (1930-1950) – a Frente Negra Brasileira e o Teatro Experimental do Negro*. 323 f. Tese (doutorado em história social) – Instituto de Filosofia e Ciências Humanas, Universidade Federal Fluminense. Niterói: 2008.

ORICO, Oswaldo. *O tigre da abolição*. São Paulo: Editora Nacional, 1931.

PÁDUA, Ciro T. "O negro em São Paulo". *Revista do Arquivo Municipal de São Paulo*. São Paulo: 1941, v. 77, pp. 201-20.

_____. "O negro no planalto (do século XV ao século XIX)". *Revista do Instituto Histórico e Geográfico de São Paulo*. São Paulo: 1942, n. 41, pp. 127-264.

PALMA, Rogério da. "As articulações entre intimidade e trabalho: a construção social de um mercado de trabalho livre no Oeste Paulista cafeeiro". *Sociologias* (UFRGS), Porto Alegre: 2012, v. 14, n. 30, pp. 224-51.

_____. "O pós-abolição e suas dinâmicas de sociabilidade: lógicas familiares e relações interpessoais no Oeste Paulista cafeeiro". *Revista Brasileira de Estudos Populacionais*, Rio de Janeiro: 2013, v. 30, n. 2, pp. 485-501.

_____. *Liberdade sob tensão: negros e relações interpessoais na São Carlos pós-abolição*.

Tese (doutorado em sociologia) – Centro de Educação e Ciências Humanas, Universidade Federal de São Carlos. São Carlos: 2014.

____. "A dependência reconstruída: a trajetória do escravo Felício no Oeste Paulista (1847-1920)". *Revista Brasileira de Ciências Sociais*, São Paulo, v. 34, n. 99, 2019, pp. 1-20.

___; TRUZZI, Oswaldo Mário Serra. "Identidades e mercado de trabalho: uma análise do perfil étnico-racial e ocupacional dos latifúndios cafeeiros em São Carlos (1907)". *Locus*, Juiz de Fora: 2008, v. 14, n. 1, pp. 91-110.

PAPALI, Maria Aparecida Chaves Ribeiro. *Escravos, libertos e órfãos: a construção da liberdade em Taubaté (1871-1895)*. São Paulo: Annablume, 2003.

___; CASTILHO, Mateus Henrique Obristi; ZANETTI, Valéria. "Cenários do pós-abolição no Vale do Paraíba paulista: tutela, trabalho infantil e violência sexual (1888-1889)". *Afro-Ásia*, Salvador: 2017, n. 56, pp. 147-67.

PAULO, João Pereira. *O movimento negro Fala Negão Fala Mulher: resistência cultural dos afro-descendentes na zona Leste de São Paulo (1980-2008)*. 118 f. Dissertação (mestrado em história) – Pontifícia Universidade Católica de São Paulo. São Paulo: 2008.

PENNA, Lincoln de Abreu. *A trajetória de um comunista*. Rio de Janeiro: Revan, 1997.

PENTEADO JÚNIOR, Wilson Rogério. *Jongueiros do Tamandaré: devoção, memória e identidade social no ritual do jongo em Guaratinguetá-SP*. São Paulo: Annablume, 2010.

PEREIRA, Flávia Alessandra de Souza. *Poder local e representação política: negros e imigrantes no interior paulista (um estudo sobre o município de Rio Claro)*. 211 f. Dissertação (mestrado em ciências humanas) – Centro de Educação e Ciências Humanas, Universidade Federal de São Carlos. São Carlos: 2004.

____. *Organizações e espaços da raça no Oeste Paulista: movimento negro e poder local (dos anos 1930 aos anos 1960)*. 232 f. Tese (doutorado em ciências humanas) – Centro de Educação e Ciências Humanas, Universidade Federal de São Carlos. São Carlos: 2008.

PEREIRA, João Baptista Borges. *Cor, profissão e mobilidade: o negro na rádio de São Paulo*. São Paulo: Pioneira, 1967.

____. "Aspectos do comportamento político do negro em São Paulo". *Ciência e Cultura*, São Paulo: 1982a, v. 34, n. 10, pp. 286-94.

____. "Parâmetros ideológicos do projeto político de negros em São Paulo: um ensaio da antropologia política". *Revista do Instituto de Estudos Brasileiros*, São Paulo: 1982b, n. 24, pp. 53-61.

____; VALENTE, Ana Lúcia Eduarda. "O negro na Revolução Paulista de 32 – Entrevista com Raul Joviano do Amaral". *Revista USP*, São Paulo: 2014, n. 102, pp. 101-9.

PEREIRA, José Galdino. "Colégio São Benedito: a escola na construção da cidadania". Em: NASCIMENTO, Terezinha Aparecida Quaiotti Ribeiro do *et al*. (org.). *Memórias da educação: Campinas (1850-1960)*. Campinas: Editora Unicamp, 1999, pp. 275-312.

____. *Os negros e a construção da sua cidadania: estudo do Colégio São Benedito e da Federação Paulista dos Homens de Cor de Campinas (1896-1914)*. Dissertação (mestrado em educação) – Faculdade de Educação, Universidade Estadual de Campinas. Campinas: 2001.

PEREIRA, Matheus Serva. *Uma viagem possível: da escravidão à cidadania. Quintino de Lacerda e as possibilidades de integração dos ex-escravos no Brasil*. 292 f. Dissertação (mestrado em história) – Universidade Federal Fluminense. Niterói: 2011.

PINTO, Ana Flávia Magalhães. *Imprensa negra no Brasil do século XIX*. São Paulo: Selo Negro, 2010.

____. *Fortes laços em linhas rotas: literatos negros, racismo e cidadania na segunda metade do século XIX*. 326 f. Tese (doutorado em história) – Instituto de Filosofia e Ciências Humanas, Universidade Estadual de Campinas, Campinas: 2014.

PINTO, Elisabete Aparecida. *Etnicidade, gênero e educação: a trajetória de vida de d. Laudelina de Campos Mello (1904-1991)*. Dissertação (mestrado em educação) – Faculdade de Educação, Universidade Estadual de Campinas. Campinas: 1993a.

PINTO, Maria Inez Machado Borges; KOGURUMA, Paulo. "As tensões sociais e reelaborações das sociabilidades em São Paulo: um olhar sobre os meandros da configuração da musicalidade afro-brasileira (1890-1940)". *Revista Geografia e Pesquisa*, Ourinhos: 2007, v. 1, n. 1, pp. 12-23.

PINTO, Regina Pahim. *O movimento negro em São Paulo: luta e identidade*. Tese (doutorado em antropologia social) – Faculdade de Filosofia, Letras e Ciências Humanas, Universidade de São Paulo. São Paulo: 1993b.

____. "A Frente Negra Brasileira". *Cultura Vozes*, Petrópolis: 1996, v. 90, n. 4, pp. 45-59.

PIRATININGA JÚNIOR, Luiz Gonzaga. *Dietário dos escravos de São Bento: originários de São Caetano e São Bernardo*. São Paulo: Hucitec; São Caetano do Sul: Prefeitura Municipal de São Caetano do Sul, 1991.

PIRES, Antônio Liberac Cardoso Simões. *As associações de homens de cor e a imprensa negra paulista*. Belo Horizonte: Daliana; Secretaria de Ensino Superior e Secretaria de Educação Continuada, Alfabetização, Diversidade e Inclusão do MEC; Núcleo de Estudos Afro-Brasileiros da Universidade Federal do Tocantins, 2006.

Referências bibliográficas

POLLAK, Michael. "Memória, esquecimento, silêncio". *Estudos Históricos*, Rio de Janeiro: 1989, v. 2, n. 3, pp. 3-15.

____. "Memória e identidade social". *Estudos Históricos*, Rio de Janeiro: 1992, v. 5, n. 10, pp. 200-12.

PORTELLI, Alessandro. "O que faz a história oral diferente". *Projeto História*, São Paulo: 1997, n. 14, pp. 25-39.

PRADO, Bruna Queiroz. *A passagem de Geraldo Filme pelo "samba" paulista: narrativas de palavras e músicas*. Dissertação (mestrado em antropologia) – Instituto de Filosofia e Ciências Humanas, Universidade Estadual de Campinas. Campinas: 2013.

PRANDI, Reginaldo. *Os candomblés de São Paulo: a velha magia na metrópole nova*. São Paulo: Hucitec, 1991.

PRIORE, Mary Del. "Biografia: quando o indivíduo encontra a história". *Topoi*, Rio de Janeiro: 2009, v. 10, n. 19, pp. 7-16.

QUEIROZ, Maria Isaura Pereira de. "Coletividades negras: ascensão socioeconômica dos negros no Brasil e em São Paulo". *Ciência e Cultura*, São Paulo: 1977, v. 29, n. 6, pp. 647-63.

QUEIROZ, Renato da Silva. *Caipiras negros no Vale do Ribeira: um estudo de antropologia econômica*. São Paulo: Editora FFLCH-USP, 1983. (Série Antropologia, 1.)

QUEIROZ, Suely Robles Reis de. "Lembranças do passado cativo". *Ciência Hoje*, Rio de Janeiro: 1988, v. 8, n. 48, suplemento, pp. 36-9.

QUINTÃO, Antonia Aparecida. *Irmandades negras: outro espaço de luta e resistência (São Paulo: 1870-1890)*. São Paulo: Annablume, 2002.

RAMOS, Artur. *O negro na civilização brasileira*. Rio de Janeiro: Casa do Estudante do Brasil, 1956.

RAYMOND, Lavínia Costa. "Algumas danças populares no estado de São Paulo". *Sociologia*. São Paulo: 1954, n. 6, 1954.

REGINALDO, Lucilene. *A história que não foi contada: identidade negra e experiência religiosa na prática do Grupo de União e Consciência Negra (1978-1988)*. Dissertação (mestrado em história) – Departamento de História, Pontifícia Universidade Católica de São Paulo. São Paulo: 1995.

RÊGO, Yaracê Morena Boregas. *Movimentos e tensões: experiências de liberdade de afrodescendentes em São Paulo (1880-1900)*. Dissertação (mestrado em história social) – Faculdade de Filosofia, Letras e Ciências Humanas, Universidade de São Paulo, São Paulo, 2018.

REIS, Carlos Antonio dos. *A África impressa: identidades e representações da África na imprensa negra paulista (1916-1978)*. 199 f. Tese (doutorado em história) – Faculdade de Ciências Humanas e Sociais, Universidade Estadual Paulista. Franca: 2016.

REIS, Ruan Levy Andrade. *Letras de fogo, barreiras de lenha: a produção intelectual negra paulista em movimento (1915-1931)*. Dissertação (mestrado em história Social) – Faculdade de Filosofia, Letras e Ciências Humanas, Universidade de São Paulo, São Paulo, 2017.

RIBEIRO, André. *O diamante eterno: a biografia de Leônidas da Silva*. Rio de Janeiro: Gryphus, 1999.

RIBEIRO, Bruno. *Helenira Resende e a guerrilha do Araguaia*. São Paulo: Expressão Popular, 2007.

RIBEIRO, Fábia Barbosa. *Vivências negras: as experiências de homens e mulheres negros na cidade de São Paulo durante as primeiras décadas do século XX*. Dissertação (mestrado em história) – Pontifícia Universidade Católica de São Paulo. São Paulo: 2003.

____. "Vivências negras na cidade de São Paulo: entre territórios de exclusão e sociabilidade". *Projeto História*, São Paulo: 2016, v. 57, pp. 108-38.

RICCI, Maria Lúcia de Souza Rangel. *Guarda-Negra: perfil de uma sociedade em crise*. Campinas: edição da autora, 1990.

RICŒUR, Paul. *A memória, a história, o esquecimento*. Campinas: Editora Unicamp, 2007.

RIOS, Flavia Mateus. *Elite política negra no Brasil: relação entre movimento social, partidos políticos e Estado*. Tese (doutorado em sociologia) – Faculdade de Filosofia, Letras e Ciências Humanas, Universidade de São Paulo. São Paulo: 2014.

ROLNIK, Raquel. *Territórios negros em São Paulo: uma história*. Comunicação apresentada na XVI Reunião da Associação Brasileira de Antropologia. Campinas: 1988.

____. "Territórios negros nas cidades brasileiras (Etnicidade e cidade em São Paulo e no Rio de Janeiro)". *Estudos Afro-Asiáticos*, Rio de Janeiro: 1989, n. 17, pp. 29-41.

ROSA, Zita de Paula. "Fontes orais de famílias negras". *Revista Brasileira de História*, São Paulo: 1988a, v. 8, n. 16, pp. 251-65.

____. "Laços e perdas em família". *Ciência Hoje*, Rio de Janeiro: 1988b, v. 8, n. 48, suplemento, pp. 46-8.

SALGUEIRO, Maria Aparecida Andrade (org.). *A república e a questão do negro no Brasil*. Rio de Janeiro: Museu da República, 2005.

SALVADORI, Maria Angela Borges. "Clubes negros, associativismo e história da educação". *Revista Educação e Fronteiras On-Line*, Dourados: 2013, v. 3, n. 9, pp. 94-107.

Referências bibliográficas

SANTANA, Edgard Theotonio. *Relações entre pretos e brancos em São Paulo: estudo de cooperação à Unesco*. São Paulo: edição do autor, 1951.

SANTHIAGO, Ricardo. *Solistas dissonantes: história (oral) de cantoras negras*. São Paulo: Letra e Voz, 2009.

SANTOS, Carlos José Ferreira dos. *Nem tudo era italiano: São Paulo e pobreza (1890-1915)*. São Paulo: Annablume, 1998.

SANTOS, Cleyton Rodrigues dos. *Escravos, forros e ex-escravos: o difícil acesso à cidadania – Rio Claro (1862-1895)*. Dissertação (mestrado em história) – Pontifícia Universidade Católica, São Paulo, 2008.

____. *Negociação e conflito na formação do mercado de trabalho em Rio Claro (1841-1895)*. Tese (doutorado em história) – Universidade de São Paulo. São Paulo: 2015, p. 335-358.

SANTOS, Deborah Silva. *Memória e oralidade: mulheres negras no Bixiga, São Paulo (1930-1950)*. 163 f. Dissertação (mestrado em história) – Pontifícia Universidade Católica de São Paulo. São Paulo: 1993.

SANTOS, Elisângela de Jesus; SOUZA, Sérgio Luiz de. "Trajetórias de mulheres negras no Nordeste Paulista: alguns apontamentos". *Cadernos de Campo (Unesp)*, Araraquara: 2010-1, n. 14-5, pp. 199-210.

SANTOS, Gevanilda Gomes dos. *Partidos políticos e etnia negra*. 176 f. Dissertação (mestrado em sociologia) – Pontifícia Universidade Católica de São Paulo. São Paulo: 1992.

SANTOS, Ivair Augusto Alves dos. *Movimento negro e Estado: o caso do Conselho de Participação e Desenvolvimento da Comunidade Negra (1983-1987)*. São Paulo: Prefeitura Municipal de São Paulo; Coordenadoria dos Assuntos da População Negra, 2007.

SANTOS, Joel Rufino dos. *Carolina Maria de Jesus: uma escritora improvável*. Rio de Janeiro: Garamond, 2009.

SANTOS, Lourival dos. *A família Jesus e a Mãe Aparecida: história oral de devotos negros da Padroeira do Brasil (1951-2005)*. 276 f. Tese (doutorado em história) – Faculdade de Filosofia, Letras e Ciências Humanas, Universidade de São Paulo. São Paulo, 2005.

SANTOS, Márcio Henrique Casimiro Lopes Silva. *Luta por reconhecimento ou luta por redistribuição? O MNU e os dilemas do antirracismo no Brasil contemporâneo*. 197 f. Tese (doutorado em sociologia) – Instituto de Filosofia e Ciências Humanas, Universidade Estadual de Campinas. Campinas: 2016.

SANTOS, Pedro de Souza. *Cidadania e educação dos negros através da imprensa* negra em São Paulo (1915-1937). 136 f. Dissertação (mestrado em educação) – Universidade São Francisco. Bragança Paulista: 2007.

SANTOS, Rael Fiszon Eugenio dos. *A África na imprensa negra paulista (1923-1937)*. 182 f. Dissertação (mestrado em história) – Instituto de Ciências Humanas e Filosofia, Universidade Federal Fluminense. Niterói: 2012.

SANTOS, Sales Augusto dos. *A formação do mercado de trabalho livre em São Paulo: tensões raciais e marginalização social*. 144 f. Dissertação (mestrado em sociologia) – Instituto de Ciências Humanas, Universidade de Brasília. Brasília: 1997.

SANTOS, Thereza. "The Black Movement: without Identity There Is no Consciousness or Struggle". Em: CROOK, Larry; JOHNSON, Randal (org.). *Black Brazil: Culture, Identity and Social Mobilization*. Los Angeles: UCLA Latin America Center, 1999, pp. 23-30.

_____. *Malunga Thereza Santos: a história de vida de uma guerreira*. São Carlos: EdUFSCar, 2008.

SCHUMAHER, Schuma; VITAL BRAZIL, Érico. *Mulheres negras do Brasil*. Rio de Janeiro: Senac Nacional, 2007.

SCHWARCZ, Lilia Moritz. *Retrato em branco e negro: jornais, escravos e cidadãos em São Paulo no final do século XX*. São Paulo: Companhia das Letras, 1987.

SEIGEL, Micol. "Comparable or Connected Afro-diasporic Subjectivity and State Response in 1920s São Paulo and Chicago". Em: PERSONS, Georgia A. (org.). *Race and Democracy in the Americas*. New Brunswick: Transaction Publishers, 2003, pp. 64-75. (*The National Political Science Review*, v. 9.)

_____. "Mães pretas, filhos cidadãos". Em: CUNHA, Olívia Maria Gomes da; GOMES, Flávio dos Santos (org.). *Quase-cidadão*: histórias e antropologias da pós-emancipação no Brasil. Rio de Janeiro: Editora FGV, 2007, pp. 315-46.

_____. *Uneven Encounters: Making Race and Nation in Brazil and The United States*. Durham: Duke University Press, 2009.

SILVA, Eloíza Maria Neves. *Histórias de vidas de mulheres negras: estudo elaborado a partir das escolas de samba paulistanas*. Dissertação (mestrado em história social) – Faculdade de Filosofia, Letras e Ciências Humanas, Universidade de São Paulo. São Paulo: 2002.

SILVA, Fátima Aparecida. *Escola, movimento negro e memória: o 13 de Maio em Sorocaba – 1930*. Dissertação (mestrado em educação) – Universidade de Sorocaba. Sorocaba: 2005.

SILVA, Joana Maria Ferreira da. *Centro de Cultura e Arte Negra: trajetória e consciência étnica*. 140 f. Dissertação (mestrado em ciências sociais) – Pontifícia Universidade Católica de São Paulo. São Paulo: 1994.

SILVA, José Carlos Gomes da. *Os sub urbanos e a outra face da cidade. Negros em São Paulo: cotidiano, lazer e cidadania (1900-1930)*. 195 f. Dissertação (mestrado em ciências sociais), Instituto de Filosofia e Ciências Humanas, Universidade Estadual de Campinas. Campinas: 1990.

____. "Negros em São Paulo: espaço público, imagem e cidadania". Em: NIEMEYER, Ana Maria de; GODÓI, Emília Pietrafesa de (org.). *Além dos territórios: para um diálogo entre a etnologia indígena, os estudos rurais e os estudos urbanos*. Campinas: Mercado Aberto, 1998a, pp. 65-96.

____. *Rap na cidade de São Paulo: música, etnicidade e experiência urbana*. 285 f. Tese (doutorado em ciências sociais), Instituto de Filosofia e Ciências Humanas, Universidade Estadual de Campinas. Campinas: 1998b.

____. "Carolina Maria de Jesus e os discursos da negritude: literatura afro-brasileira, jornais negros e vozes marginalizadas". *História & Perspectivas*, Uberlândia: 2008a, n. 39, pp. 59-88.

SILVA, Lúcia Helena Oliveira. *Construindo uma nova vida: migrantes paulistas afro-descendentes na cidade do Rio de Janeiro no pós-abolição (1888-1926)*. 226 f. Tese (doutorado em história) – Instituto de Filosofia e Ciências Humanas, Universidade Estadual de Campinas. Campinas: 2001.

____. "Após o treze de maio: a convivência entre afro-descendentes e imigrantes em São Paulo nas primeiras décadas do século XX". *Mediações: Revista de Ciências Sociais*, Londrina: 2002, v. 7, pp. 9-33.

____. "Vivências negras: trabalhando com a ausência depois da abolição". *Diálogos*, Maringá: 2010, v. 14, n. 3, pp. 557-77.

____. "Diásporas de afrodescendentes". Em: XAVIER, Regina Célia Lima (org.). *Escravidão e liberdade: temas, problemas e perspectivas de análise*. São Paulo: Alameda, 2012, pp. 443-62.

____. "Biografias e prosopografia: onde começa e aonde acabam as histórias de militância, Benedito Evangelista: 1909-2000". Em: OSÓRIO, Helen; XAVIER, Regina Célia Lima (org.). *Do tráfico ao pós-abolição: trabalho compulsório e livre e a luta por direitos sociais no Brasil*. São Leopoldo: Oikos, 2018a, pp. 482-94.

SILVA, Marcelo Leolino da. *A história no discurso do Movimento Negro Unificado: os usos políticos da história como estratégia de combate ao racismo*. 132 f. Dissertação (mestrado em história) – Instituto de Filosofia e Ciências Humanas, Universidade Estadual de Campinas. Campinas: 2007.

SILVA, Maria Aparecida Pinto. *Visibilidade e respeitabilidade: memória e luta dos negros nas associações culturais e recreativas de São Paulo (1930-1968)*. 175 f.

Dissertação (mestrado em ciências sociais) – Pontifícia Universidade Católica de São Paulo. São Paulo: 1997.

_____. *A Voz da Raça: uma expressão negra no Brasil que queria ser branco*. Tese (doutorado em ciências sociais) – Pontifícia Universidade Católica de São Paulo. São Paulo: 2003.

SILVA, Maria Aparecida. *Trajetórias de mulheres negras líderes de movimentos sociais de Araraquara-SP: estratégias sociais na construção de modos de vida*. 186 f. Tese (doutorado em educação) – Faculdade de Educação, Universidade Federal do Ceará, 2011.

SILVA, Mário Augusto Medeiros da. "A descoberta do insólito: Carolina Maria de Jesus e a imprensa brasileira (1960-1977)". *Afro-Hispanic Review*, Nashville: 2010, v. 29, n. 2, pp. 109-26.

_____. "Fazer história, fazer sentido: Associação Cultural do Negro (1954-1964)". *Lua Nova*, São Paulo: 2012a, n. 85, pp. 227-73.

_____. *A descoberta do insólito: literatura negra e literatura periférica no Brasil (1960-2000)*. Rio de Janeiro: Aeroplano, 2013.

_____. "Por uma militância ativa da palavra: antologias, mostras, encontros e crítica sobre literatura negra, anos 1980". *História: questões e debates*, Curitiba: 2016a, v. 63, n. 2, pp. 161-94.

_____. "José Benedito Correia Leite e a rememoração de um passado coletivo". Em: CHALHOUB, Sidney; PINTO, Ana Flávia Magalhães (org.). *Pensadores negros – pensadoras negras: Brasil, séculos XIX e XX*. Cruz das Almas: EDUFRB; Belo Horizonte: Fino Traço, 2016b, pp. 213-40.

_____. "Rastros do Cisne Preto: Lino Guedes, um escritor negro pelos jornais (1913-1969)". *Estudos Históricos*, Rio de Janeiro: 2017, v. 30, n. 62, p. 597-622.

_____. "Clubes sociais negros paulistas, 1890-1950". Em: BARONE, Ana; RIOS, Flávia (org.). *Negros nas cidades brasileiras (1890-1950)*. São Paulo: Intermeios, 2018b, pp. 305-32.

SILVA, Vagner Gonçalves da. *Os orixás da metrópole*. Petrópolis: Vozes, 1995.

_____ et al. "Madrinha Eunice e Geraldo Filme: memórias do Carnaval e do samba paulistas". Em: SILVA, Vagner Gonçalves (org.). *Artes do corpo*. São Paulo: Selo Negro, 2004, pp. 123-87. (*Memória Afro-Brasileira*, v. 2.)

SILVA, Valdir Luciano Pfeifer da. *As congadas em São Paulo: canções, narrativas e palavras*. 130 f. Dissertação (mestrado em linguística) – Instituto de Estudos da Linguagem, Universidade Estadual de Campinas. Campinas: 2009.

SILVA, Zélia Lopes da. *Os carnavais de rua e dos clubes na cidade de São Paulo:*

metamorfoses de uma festa (1923-1938). São Paulo: Editora Unesp; Londrina: Eduel, 2008b.

____. "A memória dos carnavais afro-paulistanos na cidade de São Paulo nas décadas de 20 e 30 do século xx". *Diálogos*, Maringá: 2012b, v. 16, suplemento, pp. 37-68.

____. "Mulheres negras nos carnavais paulistanos: quem são elas? (1921-1967)". *Revista Estudos Feministas*, Florianópolis: 2018c, v. 26, n. 2, pp. 1-16.

SIMSON, Olga Rodrigues de Moraes von. *Carnaval em branco e negro: carnaval popular paulistano (1914-1988)*. Campinas: Editora Unicamp; São Paulo: Edusp; Imprensa Oficial do Estado de São Paulo, 2007.

SIQUEIRA, Uassyr de. *Entre sindicatos, clubes e botequins: identidades, associações e lazer dos trabalhadores paulistanos (1890-1920)*. 192 f. Tese (doutorado em história) – Instituto de Filosofia e Ciências Humanas, Universidade Estadual de Campinas. Campinas: 2008.

SLENES, Robert Wayne. *The Demography and Economics of Brazilian Slavery, 1850-1888*. Tese (doutorado em história) – Stanford University. Stanford: 1976.

____. "Escravidão e família: padrões de casamento e estabilidade familiar numa comunidade escrava (Campinas, século XIX)". *Estudos Econômicos*, São Paulo: 1987, v. 17, n. 2, 1987, pp. 217-27.

____. *Na senzala, uma flor: esperanças e recordações na formação da família escrava – Brasil Sudeste, século XIX*. Rio de Janeiro: Nova Fronteira, 1999.

SOARES, Carlos Eugênio Líbano. "Da Flor da Gente à Guarda Negra: os capoeiras na política imperial". Em: *A negregada instituição: os capoeiras na Corte Imperial*. Rio de Janeiro: Access, 1999, pp. 185-245.

____. "A Guarda Negra: a capoeira no palco da política". *Textos do Brasil*, Brasília: 2008, n. 14, pp. 45-52.

SOARES, Reinaldo da Silva. *Negros de classe média em São Paulo: estilo de vida e identidade negra*. 271 f. Tese (doutorado em antropologia social) – Faculdade de Filosofia, Letras e Ciências Humanas, Universidade de São Paulo. São Paulo: 2004.

SOTERO, Edilza Correia. *Representação política negra no Brasil pós-Estado Novo*. 314 f. Tese (doutorado em sociologia) – Faculdade de Filosofia, Letras e Ciências Humanas, Universidade de São Paulo, São Paulo, 2015.

____. "Negros candidatos e candidatos negros: partidos políticos e campanhas eleitorais na cidade de São Paulo após o fim do Estado Novo". *Plural*, São Paulo: 2016, v. 23, n. 1, pp. 9-35.

SOUZA, Bruno Jeuken. *Salathiel Campos: esporte e política (1926-1938)*. 180 f. Dissertação (mestrado em história social) – Faculdade de Filosofia, Letras e Ciências Humanas, Universidade de São Paulo. São Paulo: 2017.

SOUZA, Florentina da Silva. *Afro-descendência em* Cadernos Negros *e* Jornal do MNU. Belo Horizonte: Autêntica, 2005.

SOUZA, Irene Sales. *O resgate da identidade na travessia do movimento negro: arte, cultura e política*. 376 f. Tese (doutorado em psicologia) – Instituto de Psicologia, Universidade de São Paulo. São Paulo: 1991.

SOUZA, Rosangela Ferreira. *Pelas páginas dos jornais: recortes identitários e escolarização do social do negro em São Paulo (1920-1940)*. Tese (doutorado em educação) – Faculdade de Educação, Universidade de São Paulo. São Paulo: 2013.

SOUZA, Sérgio Luiz de. *(Re)vivências negras: entre batuques, bailados e devoções. Ribeirão Preto (1910-1950)*. 210 f. Dissertação (mestrado em sociologia) – Faculdade de Filosofia, Ciências e Letras, Universidade Estadual Paulista. Araraquara: 2005.

____. *Fluxos da alteridade: organizações negras e processos identitários no Nordeste Paulista e Triângulo Mineiro (1930-1990)*. 450 f. Tese (doutorado em sociologia) – Faculdade de Ciências e Letras, Universidade Estadual Paulista. Araraquara: 2010.

STUMPF, Lúcia Klück; VELLOZO, Júlio César de Oliveira. "'Um retumbante Orfeu de carapinha' no centro de São Paulo: a luta pela construção do monumento a Luiz Gama". *Estudos Avançados*, São Paulo: 2018, v. 32, n. 92, pp. 167-91.

TAMASO, Renato Maria. *Homens de cor, pretos,* coloreds: *a construção de espaços de sociabilidade dos afro-brasileiros e suas representações em Espírito Santo do Pinhal/SP (1890-1930)*. Tese (doutorado em história) – Faculdade de Ciências e Letras, Universidade Estadual Paulista. Assis: 2005.

TAVARES, Rodrigo Rodrigues. *Moscouzinha brasileira: cenário e personagens do cotidiano operário de Santos (1930-1954)*. São Paulo: Humanitas, 2007.

TAYLOR, Quintard. "Frente Negra Brasileira: the Afro-Brazilian Civil Rights Movement, 1924-1937". *Umoja: a scholarly journal of Black studies*, Boulder: 1978, v. 2, n. 1, pp. 25-40.

TELLES, Lorena Féres da Silva. *Libertas entre sobrados: mulheres negras e trabalho doméstico em São Paulo (1880-1920)*. São Paulo: Alameda, 2013.

TENÓRIO, Valquíria Pereira. "Festa e resistência: recontando a história da população negra araraquarense a partir do 'Baile do Carmo'". *Revista Versões*. São Carlos: 2006, n. 3, pp. 95-106.

____. *Baile do Carmo: festa, movimento negro e política das identidades negras em Araraquara-SP*. 236 f. Tese (doutorado em ciências humanas) – Centro de Educação e Ciências Humanas, Universidade Federal de São Carlos. São Carlos: 2010.

TEPERMAN, Maria Helena Indig; KNOPF, Sonia. "Virgínia Bicudo: uma história da psicanálise brasileira". *Jornal de Psicanálise*, São Paulo: 2011, v. 44, n. 80, pp. 65-77.

THOMPSON, Edward Palmer. *A miséria da teoria ou um planetário de erros: uma crítica ao pensamento de Althusser*. Rio de Janeiro: Zahar, 1981.

____. *A formação da classe operária inglesa*. Rio de Janeiro: Paz e Terra, 1987.

____. *As peculiaridades dos ingleses e outros artigos*. Org. Antonio Luigi Negro e Sergio Silva. Campinas: Editora Unicamp, 2001.

TIEDE, Lívia Maria. *Sob suspeita: negros, pretos e homens de cor em São Paulo no início do século XX*. 188 f. Dissertação (mestrado em história) – Instituto de Filosofia e Ciências Humanas, Universidade Estadual de Campinas. Campinas: 2006.

____. "Os homens de cor invisíveis da imprensa negra paulistana: como a biografia de um intelectual negro nascido no século XIX auxilia a repensar a historiografia do pós-abolição paulistano". *Intellèctus*, Rio de Janeiro: 2018, v. 17, n. 1, pp. 48-72.

TRAPP, Rafael Petry. *O elefante negro: Eduardo de Oliveira e Oliveira, raça e pensamento social no Brasil (São Paulo, década de 1970)*. Tese (doutorado em história) – Instituto de Filosofia e Ciências Humanas, Universidade Federal Fluminense. Niterói: 2018.

TRINDADE, Liana Salvia. *Construções míticas e história: estudos sobre as representações simbólicas e raciais em São Paulo do século XVII à atualidade*. 275 f. Tese (livre-docência em antropologia social) – Faculdade de Filosofia, Letras e Ciências Humanas, Universidade de São Paulo. São Paulo: 1991.

____. "O negro em São Paulo no período pós-abolicionista". Em: PORTA, Paula (org.). *História da cidade de São Paulo, v. 3: A cidade de São Paulo na primeira metade do século XX (1890-1954)*. São Paulo: Paz e Terra, 2004, pp. 101-19.

TROCHIM, Michael. "The Brazilian Black Guard: Racial Conflict in Post-abolition Brazil". *The Americas*, Cambridge: 1988, n. 3, pp. 120-43.

URBANO, Maria Apparecida. *Carnaval e samba em evolução em São Paulo*. São Paulo: Plêiade, 2005.

____ et al. *Arte em desfile: escola de samba paulistana*. São Paulo: Edicon, 1987.

VALENTE, Ana Lúcia Eduardo Farah. *Política e relações raciais: os negros e as eleições paulistas de 1982*. São Paulo: Editora FFLCH-USP, 1986. (Série Antropologia, 10.)

VIDOSSICH, Edoardo. *Jazz na garoa*. São Paulo: Associação dos Amadores de Jazz Tradicional, 1966.

WILLEMS, Emílio. "Realizações das escolas normais: o negro no município de Jaú". *Sociologia (ELSP)*, São Paulo: 1942, v. 4, n. 3, pp. 308-10.

WISSENBACH, Maria Cristina Cortez. *Ritos de magia e práticas mágico-religiosas no Brasil (1890-1940)*. São Paulo, Tese (doutorado em história social) – Faculdade de Filosofia, Letras e Ciências Humanas, Universidade de São Paulo, 1997.

_____. "Da escravidão à liberdade: dimensões de uma privacidade possível". Em: SEVCENKO, Nicolau (org.). *História da vida privada no Brasil*, v. 3. São Paulo: Companhia das Letras, 1998a, pp. 49-130.

_____. *Sonhos africanos, vivências ladinas: escravos e forros em São Paulo (1850-1880)*. São Paulo: Hucitec, 1998b.

WEINSTEIN, Barbara. *The Color of Modernity: São Paulo and the Making of Race and Nation in Brazil*. Durham; London: Duke University, 2015.

WOODARD, James. "De escravos e cidadãos: raça, republicanismo e cidadania em São Paulo (notas preliminares)". Em: ABREU, Martha *et al.* (org.) *Histórias do pós-abolição no mundo atlântico*. Niterói: Editora da UFF, 2014a, v. 1, pp. 62-75.

_____. "Negro político, sociedade branca: Alfredo Casemiro da Rocha como exceção e estudo de caso (São Paulo, décadas de 1880-1930)". Em: DOMINGUES, Petrônio; GOMES, Flávio (org.). *Políticas da raça: experiências e legados da abolição e da pós--emancipação no Brasil*. São Paulo: Selo Negro, 2014b, pp. 231-61.

_____. "'Por essa estrada da justiça e da liberdade': aspectos da mobilização afrodescendente em Campinas". Em: BARONE, Ana; RIOS, Flávia (org.). *Negros nas cidades brasileiras (1890-1950)*. São Paulo: Intermeios, 2018, pp. 143-77.

XAVIER, Giovana. "Segredos de penteadeira: conversas transnacionais sobre raça, beleza e cidadania na imprensa negra pós-abolição do Brasil e dos EUA". *Estudos Históricos*, Rio de Janeiro: 2013, v. 26, n. 52, pp. 429-50.

XAVIER, Regina Célia Lima. *A conquista da liberdade: libertos em Campinas na segunda metade do século XIX*. Campinas: Área de Publicações do Centro de Memória Unicamp, 1996.

Referências bibliográficas

Sobre o autor

Petrônio Domingues é graduado, mestre e doutor em história pela Universidade de São Paulo (USP), com pós-doutoramentos pela Rugters – Universidade Estadual de Nova Jérsei, nos Estados Unidos, entre 2012 e 2013, e pela Universidade Federal do Rio de Janeiro (UFRJ), entre 2016 e 2017. É professor da graduação em história da Universidade Federal de Sergipe (UFS) e dos programas de pós-graduação em história (mestrado) e sociologia (mestrado e doutorado) na mesma instituição. É ainda bolsista de produtividade em pesquisa do Conselho Nacional de Desenvolvimento Científico e Tecnológico (CNPq). Publicou dezenas de artigos em algumas das mais conceituadas revistas acadêmicas na área de história, no Brasil e no exterior, além de ter organizado coletâneas e escrito livros autorais, com destaque para o mais recente – *Estilo avatar: Nestor Macedo e o populismo no meio afro-brasileiro* (Alameda, 2018).

Fontes Px Grotesk e Utopia Std
Papel Supremo Duo Design 250 g/m² (capa),
Alta Alvura 75 g/m² (miolo)
Impressão Dsystem Indústria Gráfica Ltda.
Data Abril de 2023